如何树牢
正确政绩观

任初轩◎编

人民日报出版社
北 京

图书在版编目（CIP）数据

如何树牢正确政绩观 / 任初轩编．—北京：人民日报出版社，2023.6

ISBN 978-7-5115-7880-8

Ⅰ．①如…　Ⅱ．①任…　Ⅲ．①中国共产党—干部教育—学习参考资料 Ⅳ．①D262.3

中国国家版本馆 CIP 数据核字（2023）第 113157 号

书　　名：如何树牢正确政绩观
RUHE SHULAO ZHENGQUE ZHENGJIGUAN
作　　者：任初轩

出 版 人：刘华新
责任编辑：周海燕　马苏娜
封面设计：元泰书装

出版发行：人民日报出版社
社　　址：北京金台西路 2 号
邮政编码：100733
发行热线：（010）65369509　65369527　65369846　65363528
邮购热线：（010）65369530　65363527
编辑热线：（010）65369518
网　　址：www.peopledailypress.com
经　　销：新华书店
印　　刷：大厂回族自治县彩虹印刷有限公司
法律顾问：北京科宇律师事务所　（010）83622312

开　　本：710mm×1000mm　1/16
字　　数：205 千字
印　　张：16
版　　次：2023 年 7 月第 1 版
印　　次：2025 年 4 月第 5 次印刷

书　　号：978-7-5115-7880-8
定　　价：58.00 元

目　录

总论

第一编
“国之大者”就是人民的幸福生活

第二编

新发展理念就是指挥棒、红绿灯

第三编
以钉钉子精神抓工作落实

第四编

起决定性作用的是党性

总书记这样教育引导党员干部树牢正确政绩观

张毅　刘维涛　张洋

政绩观正确与否，不仅影响到干部个人的健康成长，更关系到党和人民事业发展。

党的十八大以来，围绕政绩为谁而树、树什么样的政绩、靠什么树政绩等问题，习近平总书记发表一系列重要论述，身体力行，率先垂范，为广大党员、干部树立了典范和标杆。

近年来，各地领导班子陆续进行了换届，不少党员、干部走上了新的领导岗位。党的二十大，开启了全面建成社会主义现代化强国、实现第二个百年奋斗目标新征程。习近平总书记一再叮嘱树牢正确政绩观，“不要有大干快上的冲动，也就是不能不按规律办事，急功近利、急于出成绩。要把这种浮躁心理、急躁心态都压下来，扎扎实实、踏踏实实地搞现代化建设。”

“在强国建设、民族复兴的新征程，我们要坚定不移推动高质量发展”“坚持发展是党执政兴国的第一要务，发展必须是高质量发展，完整、准确、全面贯彻新发展理念”……习近平总书记的重要讲话，为广大党员、干部实干担当、勇毅前行指明了前进方向、提供了根本遵循。

“‘国之大者’就是人民的幸福生活”

牢记初心使命，坚持人民至上，把为民造福作为最重要的政绩

历史，立下又一座丰碑——

2021 年 7 月 1 日，中国共产党百年华诞，天安门广场见证历史性盛典。习近平总书记代表党和人民庄严宣告：

“经过全党全国各族人民持续奋斗，我们实现了第一个百年奋斗目标，在中华大地上全面建成了小康社会”！

小康是中华民族的千年梦想和夙愿。长期以来，一代代中国共产党人团结带领中国人民顽强拼搏、接续奋斗。党的十八大以来，在以习近平同志为核心的党中央坚强领导下，一场声势浩大的脱贫攻坚战在神州大地全面打响。我们党团结带领人民披荆斩棘、栉风沐雨，攻克了一个又一个贫中之贫、坚中之坚，创造了彪炳史册的人间奇迹。

习近平总书记强调：“中国共产党把为民办事、为民造福作为最重要的政绩，把为老百姓办了多少好事实事作为检验政绩的重要标准。”

一切为了人民，一切依靠人民。中国共产党自成立之日起就把人民装在心里，镌刻在自己的旗帜上；中国共产党人的初心和使命，就是为中国人民谋幸福、为中华民族谋复兴。我们推动经济社会发展，归根到底是为了不断满足人民群众对美好生活的需要。

“人民对美好生活的向往，就是我们的奋斗目标。”十八届中共中央政治局常委同中外记者见面时，习近平总书记庄严宣示。

“不断把人民对美好生活的向往变为现实。”二十届中共中央政治局常委同中外记者见面时，习近平总书记再次宣示。

初心使命一以贯之，人民立场坚定不移。

“世界上最大的幸福莫过于为人民幸福而奋斗”；

“江山就是人民，人民就是江山，打江山、守江山，守的是人民的心”；

“我将无我，不负人民”；

…………

一次次重大会议、一次次重要讲话，习近平总书记始终要求全党不忘初心、牢记使命，始终把人民放在心中最高位置，把为民造福作为最重要的政绩。

千头万绪的事，说到底是千家万户的事。外出考察专门到社区看看“大家都吃些什么菜”，走村入户询问“看病有没有保障”，在湖北考察疫情防控工作时专门嘱咐“武汉人喜欢吃活鱼，在条件允许的情况下应多组织供应”……无论到哪里考察调研，习近平总书记对人民群众的事情总是看得真切、问得仔细。

2021 年 4 月 25 日，习近平总书记来到广西全州县毛竹山村考察，并到村民王德利家中看望。从客厅到卫生间，从厨房到熏腊肉的柴房，总书记仔仔细细看了个遍，详细询问有没有热水洗澡、电价贵不贵、自来水从哪来。

“总书记，您平时这么忙，还来看我们，真的感谢您。”王德利由衷地说。

“我忙就是忙这些事，‘国之大者’就是人民的幸福生活。”习近平总书记微笑着回答。

朴素的话语，揭示出深刻的道理：人民是历史性成就的逻辑起点，人民是历史性变革的价值源头。新时代十年，我们取得的一切原创性思想、变革性实践、突破性进展、标志性成果，无不闪耀着一个光辉的起点——为了人民。

习近平总书记指出：“以人民为中心的发展思想，不是一个抽象的、玄奥的概念，不能只停留在口头上、止步于思想环节，而要体现在经济社会发展各个环节。”

“人民至上、生命至上，保护人民生命安全和身体健康可以不惜一切代价”——抗击新冠疫情，从出生 30 个小时的婴儿到 108 岁的老人，不遗漏每一个感染者，不放弃每一个生命。

“还老百姓蓝天白云、繁星闪烁”——碳排放强度下降 34.4%，雾霾少了、山变绿了、江河清了，人与自然和谐共生的美丽中国正在从蓝图变为现实。

“得罪千百人、不负十四亿”——开展史无前例的反腐败斗争，无禁区、全覆盖、零容忍，重遏制、强高压、长震慑，反腐败斗争取得压倒性胜利并全面巩固，确保党和人民赋予的权力始终用来为人民谋幸福。

建成世界上规模最大的教育体系、社会保障体系、医疗卫生体系，人民生活全方位改善；改造棚户区住房4200多万套，改造农村危房2400多万户，城乡居民住房条件明显改善；推进健康中国、平安中国、美丽中国建设，保护学生视力、提高养老院服务质量，加强食品安全监管、推进清洁取暖，推进“厕所革命”、垃圾分类……

奋斗为民，一诺千金。桩桩件件，映照着初心使命、责任担当；一笔一画，描绘出“以人民为中心”的斑斓画卷。

2021年10月，山西出现有气象记录以来最强秋汛，冯南垣村是农房受损较为严重的村落之一。2022年农历春节前夕，习近平总书记专程来到这里，实地察看灾后恢复重建情况。

走进村民师红兵家，看到一家人正在做年馍，习近平总书记洗洗手也加入进来。一小块白面搓成长条，两端向内一卷，仿佛如意形状，再点缀两颗红枣……总书记三两下就做出一个枣花年馍。

“看了你们村，新建的房子质量很好，补贴也到位，老百姓家里年货备得足，很有年味，我心里有了底。”习近平总书记的话语温暖人心。

习近平总书记强调：“检验我们一切工作的成效，最终都要看人民是否真正得到了实惠，人民生活是否真正得到了改善，人民权益是否真正得到了保障。”

时至今日，那段2013年11月3日发生在湖南花垣县十八洞村的对话，依然经常被提起，给人启迪——

“怎么称呼您？”

“我是人民的勤务员。”

党为人民谋福利，人民永远跟党走。

群众的事干一件成一件，积水为海、积土成山，党的执政之基就会坚如磐石，就能汇聚起推进强国建设、实现民族复兴的磅礴力量。

“新发展理念就是指挥棒、红绿灯”

完整、准确、全面贯彻新发展理念，努力创造经得起实践、人民、历史检验的实绩

“今天可能要让你们失望了，这次讨论的不是发展问题，而是保护的问题。”2016年1月5日，推动长江经济带发展座谈会在重庆召开，习近平总书记开门见山，“当前和今后相当长一个时期，要把修复长江生态环境摆在压倒性位置，共抓大保护，不搞大开发。”

“共抓大保护，不搞大开发”，10个字，振聋发聩。

“长江病了，而且病得还不轻。”就在会议召开时，沿岸一些地方正快马加鞭上项目。那时的长江已是处处千疮百孔，厂房污水横流、码头砂石漫天、轮船肆意排放、水质持续恶化……

是“竭泽而渔”还是“泽被后人”？如何看待发展与保护的关系？这是对各级领导干部政绩观的一个考验。

为子孙谋、为长远计，是时候改变了！此后，习近平总书记多次深入阐释这一决断背后的深思熟虑，称之为“立规矩”“下禁

令”。总书记指出，我们块头这么大，不能再走能源资源过度消耗的老路。否则，一说大开发便一哄而上，抢码头、采砂石、开工厂、排污水，又陷入了破坏生态再去治理的恶性循环。

减污、扩绿、加快调整经济结构……沿江各省市深入贯彻落实新发展理念，持续扎实推进长江经济带高质量发展，一幅山水人城和谐相融的新画卷徐徐展开。

…………

实践告诉我们，有什么样的政绩观，就会有什么样的发展效果。政绩观、发展观是否对头，决定着发展的成效乃至成败。

我们党领导人民治国理政，很重要的一个方面就是要回答好实现什么样的发展、怎样实现发展这个重大问题。奋进新征程、建功新时代，要创造经得起实践、人民、历史检验的实绩，关键在于树立和践行符合新发展理念的政绩观。

习近平总书记深刻指出：“要树立正确政绩观，处理好稳和进、立和破、虚和实、标和本、近和远的关系，坚持底线思维，强化风险意识，自觉把新发展理念贯穿到经济社会发展全过程。”

这是一次发展理念的深刻变革，这是一次政绩观的校正和升华。

随着经济的持续增长，我国也曾面临许多“发展起来以后的问题”：经济增速放缓，粗放发展方式难以为继，发展不平衡、不协调、不可持续问题突出……

怎么办？能不能用老办法，再来一轮强刺激拉动经济增长？

2012年12月，党的十八大后的首次中央经济工作会议，习近平总书记审时度势、一锤定音：“不能不顾客观条件、违背规律盲目追求高速度”。

党的十八大以来，习近平总书记在多个场合强调：“再也不能简单以国内生产总值增长率来论英雄了”“速度再快一点，非不能也，而不为也”“中央看一个地方工作得怎么样，不会仅仅看生产总值增长率，而是要看全面工作，看解决自身发展中突出矛盾和问题的成效”。

老路不可行，新路在哪里？遵循经济规律、自然规律、社会规律、发展规律，回答中国之问、世界之问、人民之问、时代之问，2015 年 10 月，习近平总书记在党的十八届五中全会上提出创新、协调、绿色、开放、共享的新发展理念。

理念一变天地宽。从“有没有”向“好不好”转变，从“注重量”向“追求质”转变，新发展理念引领中国经济迈上更高质量、更有效率、更加公平、更可持续、更为安全的发展之路。

抓新时代发展，必须完整、准确、全面贯彻新发展理念。广大党员、干部必须坚定不移用这样的理念来看待政绩，用这样的标尺来衡量政绩。

一段时间里，有的地方贯彻落实习近平总书记重要指示批示精神和党中央重大决策部署不到位，导致违建别墅“整而未治、阳奉阴违、禁而不绝”，严重破坏生态环境，群众反映强烈；有的地方为追求“绿色政绩”，强推“一大四小”工程，不切实际、劳民伤财，严重歪曲了绿色发展理念；有的地方大规模迁移砍伐城市树木，严重破坏了城市自然生态环境和历史文化风貌，伤害了人民群众对城市的美好记忆和深厚感情；有的地方盲目融资举债用于政绩工程、形象工程建设，导致新开工项目数量迅速扩张，地方债务规模过大、债务风险突出，有的工程成为烂尾工程……政绩观严重偏差造成了严重影响和巨大损失，教训深刻。

“江苏的发展，有一段时间，苏南、苏北不对称，苏北在发展冲动下，一度引进一些低端产业。响水，一声暴雷，就是当时埋下的恶果。当时 GDP 上去了，但为若干年以后的灾害性事件埋下了根。”

2023 年 3 月 5 日，习近平总书记参加十四届全国人大一次会议江苏代表团审议。现场有代表发言时谈到了 2019 年的响水事故。

习近平总书记叮嘱：“我当时说给你们‘吃小灶’查安全生产。任何时候我们都不能走那种急就章、竭泽而渔、唯 GDP 的道路。这就是为什么要树牢新发展理念。”

“新发展理念就是指挥棒、红绿灯。”把这根“指挥棒”高高举起来，让这盏“红绿灯”真正亮起来，自觉对标对表，多做实事好事，我们就一定能不断开创事业发展新局面。

“以钉钉子精神抓工作落实”
保持历史耐心和战略定力，实干担当抓落实，力戒形式主义、官僚主义

首都北京向北 400 多公里，河北省最北端。一弯深深的绿色镶嵌于此。

这就是塞罕坝机械林场。在中国沙化荒漠化分布图上，地处风

沙前缘的这一弯绿色，显得弥足珍贵。

习近平总书记强调："塞罕坝林场建设史是一部可歌可泣的艰苦奋斗史。"

一片林、三代人、数十年。自20世纪60年代以来，林场建设者们住窝棚、喝雪水、啃干馍，迎风斗霜，挖坑栽树，硬是在遮天盖地的荒沙地上营造出一块令世人瞩目的绿洲。

这是矢志不渝的拼搏和奉献，是对绿色理念的彻悟和坚守，是对中华民族永续发展的使命和担当。

党的十八大以来，习近平总书记反复强调，要"以钉钉子精神抓工作落实"——

"老百姓的事，要实实在在干，干一件是一件，干一件成一件"；

"一件一件抓落实，一年接着一年干，努力让群众看到变化、得到实惠"；

"做到'两个维护'关键要体现在行动上，要增强宗旨意识，树立正确政绩观，从讲政治的高度抓落实"；

"抓落实，是党的政治路线、思想路线、群众路线的根本要求，也是衡量领导干部党性和政绩观的重要标志"；

…………

一分部署，九分落实。重在落实，也难在落实。

习近平总书记指出："总体来看，现在广大党员、干部的能力素质和精神状态是好的，但也要清醒看到，干部队伍中不愿担当、不敢担当、不善担当的问题还比较突出。有的为了不出事宁愿不干事，得过且过；有的碰到矛盾和难题绕道走，把自身责任往外推，不敢动真碰硬；有的光说不练，表态快、调门高，行动慢、落实差；有的德不配位、能力平庸，挑不起重担，打不开工作局面；有的瞻前顾后、畏首畏尾，在重大风险挑战面前底气不足、惊慌失措，等等。这些问题尽管存在于少数党员、干部身上，但任其发展，就会损害党的形象、贻误党的事业，必须认真加以解决。”

要做到“实”，就要避免“虚”。一切工作都要往实里做、做出实效，不好高骛远、不脱离实际，力戒形式主义、官僚主义。

讲大话、空话，调研摆架子、装样子，容易造成资源浪费；开不完的会议、填不完的表格、迎不完的检查，让基层不堪重负……形式主义、官僚主义是我们党的大敌、人民的大敌。习近平总书记深刻指出：“形式主义实质是主观主义、功利主义，根源是政绩观错位、责任心缺失，用轰轰烈烈的形式代替了扎扎实实的落实，用光鲜亮丽的外表掩盖了矛盾和问题。”

党的十八大以来，以习近平同志为核心的党中央坚持不懈推动落实中央八项规定精神，其目的就是纠“四风”树新风，推动广大党员、干部真抓实干，以实际成效取信于民。

“看看老乡们脱贫后生活怎么样，还有什么困难，乡村振兴怎么搞”。2022 年 10 月 26 日，习近平总书记走进陕西省延安市安塞区高桥镇南沟村果园。

习近平总书记同老乡们亲切交流，并采摘了一个红红的大苹果。从当年的收成到种植技术、采摘方法、品种质量、销售价格，再到村民收入以及如何发展苹果种植和其他产业等，总书记问得细，老乡们答得实。

以身教者从。

从东南沿海到西北内陆，从雪域高原到草原林区，党的十八大以来，习近平总书记深入地方考察调研百余次。每次考察调研，总书记都对安排方案亲自把关，不搞刻意设计，尽量安排紧凑，确保调研深入群众、务实高效。

习近平总书记强调："中国共产党是人民的党，是为人民服务的党，共产党当家就是要为老百姓办事，把老百姓的事情办好。"

真抓实干、狠抓落实，既需要世界观，也需要方法论。党的十八大以来，围绕一个"实"字，习近平总书记谆谆教诲，为干部干在实处、干出实绩指明了方向，画出了路标——

"要坚持实事求是、求真务实，从实际出发谋划事业和工作，使提出的点子、政策、方案符合实际情况、符合客观规律、符合科学精神，以创造性工作把党中央决策部署落到实处"；

"要有真抓的实劲、敢抓的狠劲、善抓的巧劲、常抓的韧劲，抓铁有痕、踏石留印抓落实。要明确属于自己职责范围内的任务，抓住突出短板和薄弱环节，分清轻重缓急，加强政策配套，加强协同攻坚，加强督察落实，确保各项目标任务按时保质完成"；

"绝不能脱离实际硬干，更不能为了出政绩不顾条件什么都想干"；

"为官一方，为政一时，当然要大胆开展工作、锐意进取，同时也要保持工作的稳定性和连续性"；

…………

千年大计、国家大事。2023 年 5 月 10 日，习近平总书记在河北雄安新区考察并主持召开高标准高质量推进雄安新区建设座谈会。习近平总书记强调："要坚定信心，保持定力，稳扎稳打，善作善成，推动各项工作不断取得新进展"；"处理好近期目标和中远期目标、城市建设速度和人口聚集规模、产业转移和产业升级、政府和市场、承接北京非首都功能疏解和城市自身发展、城市建设和周边乡村振兴等重大关系，确保雄安新区建设和发展的正确方向"。

经济社会发展是一个系统工程，必须综合考虑政治和经济、现实和历史、物质和文化、发展和民生、资源和生态、国内和国际等多方面因素，避免片面、孤立、静止地看问题而导致发展观陷入盲区、政绩观出现偏差，进而出现落实不力、执行不到位等问题。

习近平总书记指出："领导干部想问题、作决策，一定要对国之大者心中有数，多打大算盘、算大账，少打小算盘、算小账，善于把地区和部门的工作融入党和国家事业大棋局，做到既为一域争光、更为全局添彩。"

既要有全局眼光，也要有历史眼光，领导干部必须彰显历史担当、增强历史主动、强化历史自觉。

"各级领导干部要有功成不必在我、功成必定有我的境界，不要搞急功近利的政绩工程，多做一些功在当代、利在长远、惠及子孙的事情"；

"功成不必在我并不是消极、怠政、不作为，而是要牢固树立正确政绩观，既要做让老百姓看得见、摸得着、得实惠的实事，也要做为后人作铺垫、打基础、利长远的好事，既要做显功，也要做潜功，不计较个人功名，追求人民群众的好口碑、历史沉淀之后真正的评价”；

…………

“我们在生态环境方面欠账太多了，如果不从现在起就把这项工作紧紧抓起来，将来会付出更大的代价。”

十年攻坚，最严格的制度、最有力的举措，推动我国生态环境保护发生历史性、转折性、全局性变化，美丽中国大步向前，为子孙后代留下宝贵的生存和发展资源。

进入新时代，在习近平新时代中国特色社会主义思想指引下，我们攻克了许多长期没有解决的难题，办成了许多事关长远的大事要事。

“一张蓝图绘到底”“一茬接着一茬干”……追求利在长远，就必须保持历史耐心和战略定力，一棒接一棒，跑好历史的接力赛。

“起决定性作用的是党性”

强化党性锤炼，坚定理想信念，坚持不懈用习近平新时代中国特色社会主义思想凝心铸魂

2021年6月29日上午，庆祝中国共产党成立100周年之际，党中央首次颁授“七一勋章”。习近平总书记带领中央领导同志，出席颁授仪式。以党内最高荣誉，致敬这些来自各条战线的共产党人，致敬他们的杰出贡献——

张桂梅，扎根贫困地区40余年，帮助1800多名贫困山区女孩

圆梦大学；石光银，与荒沙碱滩不屈抗争40多年，在毛乌素沙漠南缘营造一条长百余里的绿色长城；黄文秀，把生命奉献给脱贫攻坚事业，谱写了新时代青春之歌……

“他们用行动证明，只要坚定理想信念、坚定奋斗意志、坚定恒心韧劲，平常时候看得出来、关键时刻站得出来、危难关头豁得出来，每名党员都能够在民族复兴的伟业中为党和人民建功立业！”习近平总书记的话鼓舞人心、催人奋进。

对马克思主义的信仰，对社会主义和共产主义的信念，是共产党人的政治灵魂，是共产党人经受住任何考验的精神支柱。党的事业，人民的事业，是靠千千万万党员的忠诚奉献而不断铸就的。

“树立和践行正确政绩观，起决定性作用的是党性。”在2022年春季学期中央党校（国家行政学院）中青年干部培训班开班式上，习近平总书记的这一重要论断发人深省。

党性是党员干部立身、立业、立言、立德的基石。只有党性坚强、摒弃私心杂念，才能保证政绩观不出偏差；只有把人生理想融入党和人民事业之中，把为人民幸福而奋斗作为自己最大的幸福，才能拥有高尚的、充实的人生。

思想是行动的先导。错位的政绩观，说到底是认识上出现了偏差，根子在于背离了党性、丢掉了宗旨、抛弃了信念。习近平总书记指出：“对党员干部来讲，是有坚定理想信念，还是满脑子功利私欲，决定着一个人的思想境界和行为举止。”

为政之道，修身为本。树立和践行正确政绩观，必须紧紧抓住“强党性”这个根本。党的十八大以来，习近平总书记反复告诫、语重心长——

“要立志做大事，不要立志做大官，保持平和心态，看淡个人进退得失，心无旁骛努力工作，为党和人民做事”；

“要牢记清廉是福、贪欲是祸的道理，树立正确的权力观、地位观、利益观，任何时候都要稳得住心神、管得住行为、守得住清白”；

“从当前干部队伍实际看，坚持实事求是最需要解决的是党性问题。干部是不是实事求是可以从很多方面来看，最根本的要看是不是讲真话、讲实话，是不是干实事、求实效”；

…………

干部的党性修养、道德水平，不会随着党龄工龄的增长而自然提高，也不会随着职务的升迁而自然提高，必须强化自我修炼、自我约束、自我改造。

党的十八大以来，以习近平同志为核心的党中央先后部署开展了党的群众路线教育实践活动、“三严三实”专题教育、“两学一做”学习教育、“不忘初心、牢记使命”主题教育、党史学习教育。

每一次党内集中学习教育，都是一次思想的淬炼、精神的洗礼。广大党员、干部筑牢信仰之基、补足精神之钙、把稳思想之舵，不断增强“四个意识”、坚定“四个自信”、做到“两个维护”。

政治上的坚定、党性上的坚定都离不开理论上的坚定。

树牢正确政绩观，必须深入学习党的理论创新成果，运用党的科学理论优化思想方法、解决思想困惑、检视自身思想作风和精神状态；必须通过严格的党性锤炼，处理好大我和小我的关系，长远利益、根本利益和个人抱负、个人利益的关系，以正确权力观、政绩观、事业观指导实践、推动工作。

当前，全党正在深入开展学习贯彻习近平新时代中国特色社会主义思想主题教育。习近平总书记指出："要自觉用新时代中国特色社会主义思想改造主观世界，深刻领会这一思想关于坚定理想信念、提升思想境界、加强党性锻炼等一系列要求，始终保持共产党人的政治本色。"

广大党员、干部要以此次主题教育为契机，坚持学思用贯通、知信行统一，把习近平新时代中国特色社会主义思想转化为坚定理想、锤炼党性和指导实践、推动工作的强大力量，切实把树立正确政绩观的要求贯穿到主题教育各项举措中——

理论学习上，把习近平总书记关于树立正确政绩观、贯彻新发展理念的重要论述作为重点学习内容，深学细照笃行；

调查研究上，深度调研大肆举债、大干快上搞"半拉子工程""形象工程""面子工程"等典型事例，解剖麻雀，查找问题，立行立改；

推动发展上，把树立正确政绩观、按客观规律办事、一张蓝图绘到底等作为重要原则，采取有效措施防范化解风险，推动高质量发展；

检视整改上，把树立正确政绩观作为党性分析和专题民主生活会查摆问题、推进整改的重要内容，适时开展专项整治并在建章立制上下功夫，堵塞漏洞、筑牢堤坝。

学思想、强党性、重实践、建新功。

新的伟大征程上，只要我们坚持不懈用习近平新时代中国特色社会主义思想凝心铸魂，牢固树立和践行正确政绩观，把对党忠诚、为党分忧、为党尽职、为民造福作为根本政治担当，就一定能创造无愧于党、无愧于人民、无愧于时代的业绩！

《人民日报》（2023 年 05 月 16 日 01 版）

总论

牢固树立和践行正确政绩观

人民日报评论员

业绩都是干出来的，真干才能真出业绩、出真业绩。以真干创造的实绩，才能真正经得起历史和人民的检验。

“学思想、见行动”。在学习贯彻习近平新时代中国特色社会主义思想主题教育工作会议上，习近平总书记对广大党员、干部树立正确政绩观提出明确要求。在主题教育中，从牢牢把握总要求，学思想、强党性、重实践、建新功，到紧紧锚定目标任务，凝心铸魂筑牢根本、锤炼品格强化忠诚、实干担当促进发展、践行宗旨为民造福、廉洁奉公树立新风，再到全面落实重点措施，强化理论学习、深入调查研究、推动高质量发展、抓好检视整改，努力在以学铸魂、以学增智、以学正风、以学促干方面取得实实在在的成效，都充分体现了树立和践行正确政绩观的要求。

我们党百年奋斗的伟大成就都是党团结带领全国各族人民拼出来、干出来的，要把党的二十大描绘的宏伟蓝图变成现实，仍然要靠拼、要靠干。必须深刻认识到，奋进在充满光荣和梦想的新征程上，推进着前无古人的开创性事业，必然会遇到大量从未出现过的全新课题、遭遇各种艰难险阻、经受许多风高浪急甚至惊涛骇浪的重大考验。唯有始终保持锐意进取、敢为人先、迎难而上的奋斗姿态，积极担当作为、敢于善于斗争，不断作出新业绩、新贡献，才能胜利推进强国建设、民族复兴的历史伟业。总体来看，现在广大党员、干部的能力素质和精神状态是好的，但也要清醒看到，干部队伍中不愿担当、不敢担当、不善担当的问题还比较突出。这些问题尽管存在于少数党员、干部身上，但任其发展，就会损害党的形象、贻误党的事业，必须认真加以解决。在向第二个百年奋斗目标进军的重大历史节点上开展主题教育，就是要推动广大党员、干部以满腔热忱奋进新征程、建功新时代，以“时时放心不下”的责任感、积极担当作为的精气神为党和人民履好职、尽好责，依靠顽强斗争打开事业发展新天地。

习近平总书记强调：“共产党人必须牢记，为民造福是最大政绩。”党员、干部特别是领导干部要清醒认识到，党把干部放在各个岗位上是要大家担当干事，而不是做官享福。我们谋划推进工作，必须坚持全心全意为人民服务的根本宗旨，坚持以人民为中心的发展思想，坚持发展为了人民、发展依靠人民、发展成果由人民共享，把好事实事做到群众心坎上。为老百姓做了多少好事实事是检验政绩的重要标准，但什么是好事实事，要从群众切身需要来考量，不能主观臆断，不能简单化、片面化。哪里有人民需要，哪里就能做出好事实事，哪里就能创造业绩。业绩好不好，要看群众实际感受，由群众来评判。有些事情是不是好事实事，不能只看群众眼前的需求，还要看是否会有后遗症，是否会“解决一个问题，留下十个遗憾”。不慕虚荣，不务虚功，不图虚名，不搞劳民伤财的形象工程、政绩工程，做到“民之所好好之，民之所恶恶之”，着力解决人民群众急难愁盼问题，不断增进民生福祉，才能让人民群众获得感、幸福感、安全感更加充实、更有保障、更可持续。

树立和践行正确政绩观，起决定性作用的是党性。党员、干部只有党性坚强，摒弃私心杂念，才能保证政绩观不出偏差。广大党员、干部要坚持不懈用习近平新时代中国特色社会主义思想凝心铸魂，把这一思想转化为坚定理想、锤炼党性和指导实践、推动工作的强大力量，紧紧围绕新时代新征程党的中心任务，牢牢把握高质量发展这个首要任务，真抓实干、务求实效，聚焦问题、知难而进。各级领导班子要牢记党和人民嘱托，坚持一张蓝图绘到底，对已有的部署和规划，只要是科学的、切合新的实践要求的、符合人民群众愿望的，就要坚持，一茬接着一茬干，防止出现政绩冲动、盲目蛮干、大干快上以及“换赛道”“留痕迹”等现象，坚决杜绝虚报浮夸，搞“数字政绩”“虚假政绩”。要坚持实事求是、求真务实，从实际出发谋划事业和工作，使提出的点子、政策、方案符合实际情况、符合客观规律、符合科学精神，把急功近利、急于出成绩等浮躁心理、急躁心态都压下来，扎扎实实、踏踏实实地推进中国式现代化建设。

“任何时候我们都不能走那种急就章、竭泽而渔、唯 GDP 的道路。这就是为什么要树牢新发展理念。树立正确的政绩观也就在这里，功成不必在我、功成必定有我。”2023 年全国两会上，习近平总书记参加江苏代表团审议时的一席话令人警醒。奋斗创造历史，实干成就未来。我们要自觉用习近平新时代中国特色社会主义思想武装头脑、指导实践、推动工作，发扬功成不必在我、功成必定有我的精神，牢固树立和践行正确政绩观，一件事情接着一件事情办，一年接着一年干，在新征程上创造新的更大奇迹。

《人民日报》（ 2023 年 05 月 11 日 01 版 ）

“不要搞急功近利的政绩工程”

张洋

未来之城，拔节生长。河北雄安新区启动区建设热火朝天，“千年秀林”绿意盎然，白洋淀碧波荡漾……

建设雄安新区是千年大计。“把每一寸土地都规划得清清楚楚后再开工建设，不要留历史遗憾”“建设雄安新区是一项历史性工程，一定要保持历史耐心，有‘功成不必在我’的精神境界”……

兼顾速度与质量、统筹当前与长远，习近平总书记高瞻远瞩，引领未来之城一步步成为新时代高质量发展的标杆。

高质量发展是全面建设社会主义现代化国家的首要任务。

树立和践行正确政绩观，必须牢记初心使命，对人民负责。

“‘好县’的标准是什么？”习近平同志在正定工作时提出这样的问题。

当时，正定每年粮食征购7600万斤，是“农业学大寨”先进县。可是粮食交得越多，群众收入越低，正定实际上是个“高产穷县”。

习近平同志向上反映情况，争取政策支持。每年粮食征购核减到4800万斤，扩大经济作物种植面积，“一减一加”让农民收入翻了番。

让老百姓过上好日子，才是真的好。

党的十八大以来，如期打赢脱贫攻坚战，建成世界上规模最大的教育体系、社会保障体系、医疗卫生体系……人民群众的生活更美好、笑容更灿烂。

2021年春，一段发生在广西桂林毛竹山村的对话刷屏网络——

“总书记，您平时这么忙，还来看我们，真的感谢您。”

“我忙就是忙这些事，‘国之大者’就是人民的幸福生活。”

平实的话语，彰显为民初心。中国共产党是什么、要干什么，内心无比笃定。

树立和践行正确政绩观，必须坚持实干担当，对历史负责。

党的二十大闭幕不久，习近平总书记来到河南安阳林州市红旗渠纪念馆。20世纪60年代，当地党员干部群众逢山凿洞、遇沟架桥、艰苦鏖战，修成这座“人工天河”。

没有老一辈人拼命地干，没有他们付出的鲜血乃至生命，就没有今天的幸福生活。习近平总书记指出：“大家都应该来看看”。

为官一任、造福一方，就要苦干实干，既做让老百姓看得见、摸得着、得实惠的实事，又做为后人作铺垫、打基础、利长远的好事。

2023年是浙江“八八战略”实施20周年。2003年7月10日，习近平同志在浙江省委十一届四次全会上首次系统提出了“八八战略”。

这是一个高瞻远瞩的宏伟擘画。八个方面的优势和八个方面的举措，对准浙江的优点、弱点、痛点，措施有力，治根治本，成为统领浙江发展的总纲。一张蓝图绘到底，一任接着一任干，浙江大地不断焕发新气象、迸发新生机。

“我们对于时间的理解，不是以十年、百年为计，而是以百年、千年为计。”功成不必在我、功成必定有我。在历史长河中，每个人都要跑好属于自己的“这一棒”。大情怀、大格局，充分展现。

树立和践行正确政绩观，必须强化党性锤炼，对党的事业负责。

2023年全国两会期间，有全国人大代表提到响水事故。“当时GDP上去了，但为若干年以后的灾害性事件埋下了根”。习近平总书记叮嘱：“任何时候我们都不能走那种急就章、竭泽而渔、唯GDP的道路。这就是为什么要树牢新发展理念。”

从“有没有”向“好不好”转变，从“注重量”向“追求质”转变，新发展理念引领中国经济迈上更高质量、更有效率、更加公平、更可持续、更为安全的发展之路。

现实中，有的党员干部热衷“政绩工程”“形象工程”，实则成了“劣绩”、毁了形象。习近平总书记指出：“不要搞急功近利的政绩工程”。

“树立和践行正确政绩观，起决定性作用的是党性。”只有党性强、信念坚，不断提高政治判断力、政治领悟力、政治执行力，才能确保始终沿着正确的方向前进。

循道而行，功成事遂。不断把学习贯彻习近平新时代中国特色社会主义思想引向深入，我们一定能创造出经得起历史和人民检验的实绩。

《人民日报》（2023 年 06 月 22 日 01 版）

功成不必在我、功成必定有我

——牢固树立和践行正确政绩观

桂从路

“短短6年里，雄安新区从无到有、从蓝图到实景，一座高水平现代化城市正在拔地而起，堪称奇迹。”习近平总书记近日在河北雄安新区考察时强调：“建设雄安新区是千年大计、国家大事，既不能心浮气躁，也不能等靠要，要踏实努力，久久为功。”从高起点规划、高标准建设，到高标准、高质量推进，雄安新区这座“未来之城”破土、萌芽、生长，是“功成不必在我、功成必定有我”精神的有力见证。

政绩观是面镜子，映照着党员领导干部的发展意识与责任担当。党的十八大以来，习近平总书记多次强调干部干事创业要树立正确政绩观，有功成不必在我的精神境界、功成必定有我的历史担当。在学习贯彻习近平新时代中国特色社会主义思想主题教育工作会议上，习近平总书记再次强调，“各级领导班子要牢记党和人民嘱托，发扬‘功成不必在我、功成必定有我’的精神，坚持一张蓝图绘到底，对已有的部署和规划，只要是科学的、切合新的实践要求的、符合人民群众愿望的，就要坚持，一茬接着一茬干”。“功成不必在我”和“功成必定有我”的辩证统一，折射新时代中国共产党人志在千秋伟业的远大追求，为党员干部树立正确政绩观提供了明确指引。

“功成不必在我”，是一种干事创业的胸襟，也是谋发展、促发展的境界。从黄沙漫天到林木葱葱，从缺衣少食到生活富足，新中国成立以来，山西右玉历任县委书记展开植树接力，带领人民创造了荒漠变绿洲的人间奇迹。无论是生态环境保护，还是推动共同富裕，我们党的事业都是在一代又一代人的接续奋斗中推进的，在一件事情接着一件事情办中办成的。领导干部想要干事、想出政绩是对的，但要避免政绩冲动、盲目蛮干、大干快上以及“换赛道”“留痕迹”等现象。急功近利、急于出成绩，急的是一时之功，图的是一己之利。只有处理好大我和小我的关系，长远利益、根本利益和个人抱负、个人利益的关系，才能树牢正确政绩观，创造经得起历史和人民检验的实绩。

“功成必定有我”，是一种奋发进取的姿态，体现的是守土有责、守土尽责的担当。新时代十年来办成了许多事关长远的大事要事，广大党员、干部的进取精神，激扬在“不获全胜决不收兵”的脱贫攻坚战中，展现在“我是党员我先上”的疫情防控斗争中，镌刻在“如期全面建成小康社会”的历史丰碑上……实践告诉我们，坚持功成不必在我，决不是消极、怠政、不作为，而是必须以功成必定有我的担当精神积极作为、正确作为。对于长期战略任务，必须保持历史耐心，既谋划长远，又干在当下，滴水穿石，久久为功，把当下能做的事情做好；对于已经确定下来的任务，必须有只争朝夕的紧迫感、时不我待的责任心，以钉钉子精神担当尽责，抓铁有痕、踏石留印抓落实。

政绩观与发展观紧密相连。有什么样的政绩观就有什么样的发展理念，判断政绩观正确与否，关键就是看是否完整、准确、全面贯彻新发展理念，是不是始终以创新、协调、绿色、开放、共享的内在统一来把握发展、衡量发展、推动发展。既大胆开展工作、锐意进取，又尊重规律、保持大局稳定和工作连续性，把急功近利的浮躁心理、急躁心态压下去，多做为后人作铺垫、打基础、利长远的实事、好事，才是扎扎实实、踏踏实实地搞现代化建设。

积跬步以至千里，积小胜方成大胜。奋进在充满光荣和梦想的新征程上，锚定奋斗目标、保持战略定力，牢固树立和践行正确政绩观，发扬功成不必在我、功成必定有我的精神，就一定能一步一个脚印把宏伟蓝图变为现实。

《人民日报》（2023 年 05 月 25 日 04 版）

把握好潜绩和显绩的关系

——牢固树立和践行正确政绩观

盛玉雷

八百里太行万仞壁立、千峰如削，一渠清水穿山而来。20世纪60年代，为解决困扰千年的干旱问题，河南安阳林县数万人民，用近10年时间，在太行山腰生生凿出一条全长1500公里的“人工天河”，定名“红旗渠”。党的二十大胜利闭幕后不久，习近平总书记来到红旗渠纪念馆，感慨“没有老一辈人拼命地干，没有他们付出的鲜血乃至生命，就没有今天的幸福生活，我们要永远铭记他们”。

一渠清水润泽一方，造福万千百姓，在时光的沉淀里收获口碑。红旗渠的修建，生动诠释了“以尺寸之功，积千秋之利”的价值追求，展现了潜绩和显绩的内在统一。党的十八大以来，习近平总书记围绕牢固树立正确政绩观提出一系列明确要求，强调要“把握好潜绩和显绩的关系”，指出“既要做让老百姓看得见、摸得着、得实惠的实事，也要做为后人作铺垫、打基础、利长远的好事，既要做显功，也要做潜功，不计较个人功名，追求人民群众的好口碑、历史沉淀之后真正的评价”。显功看得见、摸得着，折射雷厉作风；潜功不显山、不露水，但关涉长远。显功与潜功辩证统一，标注着新时代中国共产党人干事创业的崇高境界。牢固树立和践行正确的政绩观，就要深刻认识到潜绩和显绩之间对立统一、相辅相成的辩证关系，奋力开创事业发展新局面。

不少显绩之“显”，正是因为聚焦解决群众之“急”、发展之“难”。比如，污染防治攻坚战迫在眉睫，要有壮士断腕的决心；反腐败斗争重拳出击，要有刀刃向内的勇气；全面深化改革向纵深推进，要有动真碰硬的意志；民生工程落到实处，要有说干就干的觉悟……实践中，一些领域的工作关系群众切身利益，百姓呼声高、反映强烈，必须马上就办、办一件就要成一件、一件事接着一件事办，把显功、显政、显绩做到群众心坎上。对于实践遇到的新问题、改革发展稳定存在的深层次问题、人民群众急难愁盼问题、国际变局中的重大问题、党的建设面临的突出问题，广大党员、干部就要奔着问题去、迎着难题上，不回避、不躲闪，以顽强斗争打开事业发展新天地。

合抱之木，生于毫末；九层之台，起于累土。“潜”是“显”的基础，“显”是“潜”的结果。对于那些事关长远、事关基础的任务，“一口吃不成个胖子”，就要扎扎实实、稳步有序推进。这些工作不显山露水，政绩也并非一目了然，但有助于各项事业全面发展、长足进步，更是真正对党、对人民、对历史负责的体现。新时代这十年，从长江大保护共促“一江春水向东流”，到北斗组网、嫦娥探月、天问探火等重大创新成果竞相涌现，再到打赢人类历史上规模最大的脱贫攻坚战……一系列标志性成果、突破性进展，无不是长期潜功、潜绩累积而成。新时代新征程新使命，建设农业强国、建设现代化经济体系、实现全体人民共同富裕……这些都是长期而艰巨的历史任务，不可能一蹴而就，也难以立竿见影。越是长久基业、长远大计，越要循序渐进、稳扎稳打，克服急功近利、急于出成绩的心态，甘于“前人栽树，后人乘凉”，多做打牢基础的事，多谋泽被后人的事，方能积潜功为显功、化潜绩为显绩。

习近平总书记强调：“党的二十大确定的目标任务有近期的，有中期的，也有长期的，要分清轻重缓急，既要全面推进，又要突出重点；既要狠抓当前，又要着眼长远，多办打基础、利长远的事”。把握好潜绩和显绩的关系，一件一件抓落实，让群众看到变化；一张蓝图绘到底，积小胜为大胜，这样的政绩才能经得起实践、历史和人民的检验。

《人民日报》（2023 年 05 月 26 日 04 版）

把为民造福作为最大政绩

——牢固树立和践行正确政绩观

张凡

“百姓富起来最重要！”20世纪80年代，时任山东寿光县委书记的王伯祥带领群众集中力量办了三件事：一是推进蔬菜产业化，二是开发寿北盐碱滩，三是为工业翻身打基础。正是这三件事，让寿光人从此鼓起了口袋、挺起了腰板、走向了世界。“为人民服务，为人民服务好”，这位被群众念念不忘的“百姓书记”在病危期间颤颤巍巍写下的话语，正是他用一生践行的信仰。

为政之道，以顺民心为本，以厚民生为本。习近平总书记指出，“干事创业一定要树立正确政绩观，做到‘民之所好好之，民之所恶恶之’”，强调“以造福人民为最大政绩”。对共产党人来说，人民是正确政绩观的核心，是干事创业的价值源头。新时代十年，以“人民有所呼、改革有所应”的鲜明导向，推进全面深化改革；以“不让一个人掉队”的真挚情怀，历史性解决绝对贫困问题；以“得罪千百人、不负十四亿”的勇毅担当，开展反腐败斗争；以“为了保护人民生命安全，我们什么都可以豁得出来”的坚定决心，抗击世纪疫情……一切努力都是为了人民，一切奋斗旨在造福人民，党和国家事业取得历史性成就、发生历史性变革，无不闪耀着一个光辉的起点——为了人民。

树立和践行正确政绩观，起决定性作用的是党性。只有党性坚强、摒弃私心杂念，才能保证政绩观不出偏差。我们党是为人民谋幸福、给人民办事的，除了人民利益之外没有自己的特殊利益。做得人心、暖人心、稳人心的事，解决群众最关心、最迫切需要解决的问题，就是共产党人的政绩。这就要求广大党员干部始终以百姓心为心，以人民利益为重。在谋划推进工作时，要顺应群众所思所想所忧所盼；在制定政策措施时，要以满足人民日益增长的美好生活需要为出发点和落脚点；在推动工作落实时，要努力让群众看到变化、得到实惠。共产党人为的是大公、守的是大义、求的是大我。全心全力把老百姓的事一件一件办好，才能做俯仰无愧的共产党人，才能创造经得起历史检验的政绩。

为老百姓办了多少好事实事是共产党人检验政绩的重要标准。但什么是好事实事，要从群众切身需要来考量，不能主观臆断，不能简单化、片面化。当年，林县县委主要负责人到农民家里调研，大家反映最强烈的问题就是缺水。在农户家，他想洗把脸，主人端来烩面碗大小的脸盆，只盛了半盆水，还不停“叮嘱”：“您洗完脸千万别把水泼了，俺还等着喂牲口哩！”“水在林县是天大的事”，正是深深知晓群众的需求，林县县委迎难而上，果断作出修建红旗渠的正确决策。坚持从群众中来，到群众中去，把调查研究作为基本功，自觉问计于民、问需于民，才能使想出来的点子、举措、方案符合实际情况，才能真正把惠民生、暖民心、顺民意的工作做到群众心坎上。

金杯银杯比不上群众的口碑。业绩好不好，要看群众实际感受，由群众来评判。焦裕禄“心里装着全体人民、唯独没有他自己”，带领干部群众治理“三害”，兰考人至今“看到泡桐树，想起焦裕禄”；谷文昌怀揣“不把人民拯救出苦难，共产党来干什么”的信仰，带领东山干部群众把人间荒岛变成海上绿洲，“先祭谷公，后祭祖宗”成为东山百姓至今的传统。脚踏实地工作，俯首为民办事，才能在群众心中树起恒久的丰碑。广大党员干部要以此为标尺，坚持“做事”不“作秀”，“造福”不“造势”，坚决摒弃为了个人功名搞华而不实、劳民伤财的“形象工程”“政绩工程”，坚决防止因政绩冲动而虚报浮夸搞“数字政绩”“虚假政绩”，把为人民造福的事情真正办好办实，追求人民群众的好口碑、历史沉淀之后的真正评价。

为人民利益而奋斗，是我们党矢志不渝的崇高追求，也是新征程上的使命担当。当前，学习贯彻习近平新时代中国特色社会主义思想主题教育正在全党深入开展，广大党员干部要以此为契机，牢固树立和践行正确政绩观，把为民造福作为最大政绩，想人民之所想，行人民之所嘱，使一切决策和工作着眼于更好满足人民需求、经得起人民检验，不断增进民生福祉，提高人民生活品质。

《人民日报》（2023年05月31日04版）

不慕虚荣，不务虚功，不图虚名

——牢固树立和践行正确政绩观

彭飞

空谈误国、实干兴邦，“社会主义是干出来的”道出了干事创业的真谛。在学习贯彻习近平新时代中国特色社会主义思想主题教育工作会议上，习近平总书记指出“我们党百年奋斗的伟大成就都是党团结带领全国各族人民拼出来、干出来的，要把党的二十大描绘的宏伟蓝图变成现实，仍然要靠拼、要靠干”，要求“树立正确的权力观、政绩观、事业观，增强责任感和使命感，不断提高推动高质量发展本领、服务群众本领、防范化解风险本领”。肩负新使命、奋进新征程，广大党员干部要学思想、见行动，紧紧围绕新时代新征程党的中心任务，真抓实干、务求实效，聚焦问题、知难而进，努力创造经得起历史和人民检验的实绩。

中国共产党人必须都是实干家，只有不慕虚荣，不务虚功，不图虚名，才能做到为官一任、造福一方。坚信“干部干部，就是要先干一步”的姜仕坤，磨穿了鞋底、跑白了头发，换来老百姓的幸福生活；放弃大城市高薪工作的黄文秀，扎根乡土、奉献家乡，带领乡亲们脱贫致富；常说“能在现场就不在会场”的廖俊波，没有惊天动地的壮举、没有气壮山河的豪言，关心的都是一件件具体的民生实事……新时代十年来，无数党员干部坚持“实”字当头、“干”字为先，不为名所缚、不为物所累、不为利所驱，清正廉洁、一心为民，在不懈奋斗中创造了光辉业绩。实践证明，只有在崇实、务实、求实、做实上下功夫，才能守好初心、担好使命。

大凡想有所作为的领导干部，都有“为官一任，造福一方”的追求。靠什么实现？贪图安逸、不想艰辛创不出佳绩，心浮气躁、急功近利干不出实绩，弄虚作假、投机取巧搞不出真绩。求真务实、真抓实干，既需要正确的世界观，也需要科学的方法论。习近平总书记多次谆谆告诫：“要坚持实事求是、求真务实，从实际出发谋划事业和工作，使提出的点子、政策、方案符合实际情况、符合客观规律、符合科学精神”“绝不能脱离实际硬干，更不能为了出政绩不顾条件什么都想干”“为官一方，为政一时，当然要大胆开展工作、锐意进取，同时也要保持工作的稳定性和连续性”。面对新形势新任务，党员干部必须拿出真抓的实劲、敢抓的狠劲、善抓的巧劲、常抓的韧劲，坚决杜绝口号式、表态式、包装式落实的做法，把真实情况掌握得更多一些、把客观规律认识得更透一些，办一项是一项、办一件成一件。

业绩都是干出来的，真干才能真出业绩、出真业绩。今天，面对各种艰难险阻甚至惊涛骇浪，唯有始终保持锐意进取、敢为人先、迎难而上的奋斗姿态，积极担当作为、敢于善于斗争，才能胜利推进强国建设、民族复兴的历史伟业。无论是建设现代化产业体系，还是全面推进乡村振兴；无论是加快实施创新驱动发展战略，还是积极稳妥推进碳达峰碳中和，实现每一项目标任务，都需要付出百倍努力，来不得半点虚功、容不得丝毫马虎，更不能耍花拳绣腿、做表面文章。要保持“时时放心不下”的责任感，增强只争朝夕的紧迫感，提振锐意进取、担当有为的精气神，务实功、出实招、求实效，扎扎实实、踏踏实实地搞现代化建设。

“为者常成，行者常至，历史不会辜负实干者。”从习近平新时代中国特色社会主义思想中汲取奋发进取的智慧和力量，牢固树立和践行正确政绩观，以愚公移山的志气、滴水穿石的毅力真抓实干，不驰于空想，不骛于虚声，广大党员干部定能在新征程上拼出一片新天地、干成一番新事业。由此创造的政绩，人民不会忘记，历史必将铭记。

《人民日报》（2023 年 06 月 05 日 04 版）

拓展阅读

干部心里要有本账

赵兵

对领导干部来说，干出政绩是正当追求。但决策用权、谋划发展必须坚持从实际出发，心明眼亮算明白账，算清楚这政绩的含金量。

习近平总书记指出："干事创业一定要树立正确政绩观，做到'民之所好好之，民之所恶恶之'，求真务实、真抓实干。要把调查研究作为基本功，坚持从实际出发谋划事业和工作，使想出来的点子、举措、方案符合实际情况。"

在企业经营中，企业必须讲求成本控制，否则就会在市场中失去竞争优势。同样，手握公权力的领导干部，如果不顾成本代价几何，民意所向怎样，片面追求所谓政绩，政绩观就会出问题，结果也往往事与愿违。比如，一地的发展资源是有限的，向发展要成绩，就必须统筹好经济发展与民生需求，衡量好眼前利益与未来空间。不能不计成本，只顾短期漂亮数据，却给长期发展留下隐患。这样的教训，现实中并不鲜见。

不计资源成本，涸泽而渔发展，就可能导致资源浪费了，发展空间也被限制了；不计生态成本，盲目上项目、扩产能，生态环境的账要还上可没那么容易；不计民生成本，只图数据漂亮，损害群众利益，这样的发展既没有质量也没有后劲；不计历史文化成本，一味拆旧立新，这样的发展只会令群众反感，让历史遗弃。寅吃卯粮、拆东墙补西墙、“解决一个问题，留下十个遗憾”……种种片面追求政绩的行为，长远来看得不偿失，群众也不买账。

真正的政绩，应当是经得起群众、实践和历史检验的实绩。政声人去后，那些被群众长久记挂在心间的好干部，无一不是为了群众利益尽心尽责、长远谋划、无私奉献。“四有”书记谷文昌率领东山人民苦战十几载，筑起绿色长城，让海岛换了天地，在老百姓心中树起了一座不朽的丰碑；“县委书记的榜样”焦裕禄以“心中装着全体人民、唯独没有他自己”的公仆情怀，带领干部群众整治内涝、风沙、盐碱，让兰考有了大变样，立起了一面党员干部的光辉旗帜；“樵夫”廖俊波“背石上山”，苦干实干，留下“政和质量”“俊波速度”的佳话……

领导干部要干出实打实的业绩，就要把功夫下在日常，多到基层走走，对社情民意乃至当地的历史人文风俗做到心中有数；决策时不能闭门造车、拍脑袋，必须深入调查研究、组织科学论证，充分考虑社会承受度和影响；上马项目必须考虑实际需求、市场前景和资金能力，多听听干部群众意见。如此，才能避免急功近利的“政绩”、不切实际的“政绩”、违反规律的“政绩”，创造出群众满意的高含金量政绩。

群众心里有杆秤，干部心里要有本账，这是必须算清楚的政治账。把为民造福作为最大的政绩追求，孜孜以求，真正把好事实事做到群众心坎上，就一定能创造出经得起历史和人民检验的好成绩。

《人民日报》（2022 年 05 月 24 日 19 版）

学会“十个指头弹钢琴”

吴储岐

改革向纵深推进，发展转向高质量，越来越注重政策的系统性、整体性、协同性，越来越考验干部治理能力。

习近平总书记指出，“必须在把情况搞清楚的基础上，统筹兼顾、综合平衡，突出重点、带动全局，有的时候要抓大放小、以大兼小，有的时候又要以小带大、小中见大，形象地说，就是要十个指头弹钢琴。”

“弹钢琴”是一个巧妙的比喻。一架钢琴有 88 个琴键，要使得它弹奏出美妙的乐曲，就得讲究主次、先后和轻重，这与处理矛盾的过程异曲同工。按照马克思主义立场观点方法，具体到一地一事，都要具体分析，找出主要矛盾和次要矛盾、矛盾的主要方面和次要方面。如此才能把工作分出主次、任务区别缓急，在繁杂琐碎的工作中理出头绪。

改革发展是个复杂的系统工程，不能“零敲碎打”。对于领导干部来说，要创造符合党和人民需要的政绩，既需要突出重点，找到关键，也需要坚持系统思维，增强工作协同性。如此开展工作才会有板有眼、张弛有度，否则就可能疲于应付，“按下葫芦浮起瓢”。

必须突出重点。十个指头同时按下，不成曲调；高低错落，才合乎乐律。怎样找到最强音，弹出主旋律？必须对“国之大者”心中有数，把地区和部门工作放到党和国家事业大棋局中找准定位，在贯彻落实党中央决策部署中谋求发展。只有多打大算盘、算大账，才能抓住重点，形成突破，做到既为一域争光，更为全局添彩。

必须加强协同。十指协调并用，才可能驾驭键盘，奏出美妙和音。改革发展任务千头万绪，每一项都事关全局。比如推进一项改革，横向上要衔接配套，纵向上要对接配合，各项改革间也彼此关联。必须发挥好党总揽全局、协调各方的领导核心作用，发挥好顶层设计的引领作用，发挥好领导机构的协调作用，如此才能促进各方面协同发力，凝聚起攻坚克难的强大合力。

上面千条线，下面一根针，基层一线任务繁重，矛盾问题集中。提升“十个指头弹钢琴”的视野和能力，基层是最佳场所，在一线多经历“风吹浪打”，多捧“烫手山芋”，多当几回“热锅上的蚂蚁”，练胆魄、磨意志、长才干，想问题、作决策、办事情的能力自然水涨船高。

领导干部人人练好“十个指头弹钢琴”的功夫，以奋斗姿态拨动时代的琴弦，就一定能弹奏出新时代的发展强音，不负党和人民重托。

《人民日报》（2022 年 05 月 17 日 19 版）

树立和践行符合新发展理念的政绩观

张洋

我们党领导人民治国理政，很重要的一个方面就是要回答好实现什么样的发展、怎样实现发展这个重大问题。落实到基层实践中，不同的政绩观会带来不同的发展思路，发展举措、发展成效也大不一样。

《习近平在正定》一书中记录着这样一段往事：时任河北省正定县委副书记的习近平同志找到县长程宝怀，问道："'好县'的标准是什么？"程宝怀谈到，正定县每年粮食征购 7600 万斤，是"农业学大寨"先进县，三角村是先进典型。听后，习近平同志笑着说："你刚才说到的学大寨先进的三角村，亩产过千斤，可农民还吃不饱，他们偷着到外县换山药干吃，回来交征购。"他还说，正定为了交征购，年年扩大粮食面积，压缩经济作物面积，结果粮食交得越多，群众收入就越低，"正定县实际上是个‘高产穷县’”。

习近平同志指出，是不是“好县”，应该以综合指标来衡量。“高产穷县”问题必须解决。后来经过不懈努力，正定每年粮食征购核减到 4800 万斤。这一减，可了不得了，正定县调整种植结构，一年农业产值就翻了一番，农民人均收入从 148 元涨到 400 多元。

今天，我们强调树立和践行正确的政绩观，就是为了实现更大更好的发展。从这则往事中，我们至少得到两个深刻的启示——

政绩观正确与否，要看是否体现了全面发展。中国特色社会主义事业是经济、政治、文化、社会、生态文明建设相互协调相互促进的事业。看政绩，既要看经济指标，也要看民生指标、生态指标；既要看当前发展状况，也要看发展的可持续性。如果只盯着单一指标，忽视其他工作，忽视发展的整体性、系统性、协同性，政绩观就会出现偏差。

政绩观的正确与否，最根本的是看是否增进了百姓福祉。“为官一任，造福一方”，党的领导干部要把所有精力都用在让老百姓过好日子上，要始终把群众满不满意、高不高兴、答不答应作为工作出发点和落脚点。如果违背客观规律和群众意愿去追求所谓的发展和政绩，这样的“发展”越快、“政绩”越多，对群众造成的伤害往往就越大。

奋进新征程，建功新时代，领导干部要更加自觉地针对实现什么样的发展、怎样实现发展这个重大问题，作深入的思考和判断，树立和践行符合新发展理念的政绩观。

“创新、协调、绿色、开放、共享”的新发展理念，集中反映了我们党对经济社会发展规律认识的深化，充分体现了党和国家事业发展的新要求，在推动高质量发展进程中不断满足人民群众对美好生活的新期待。党的十八大以来，我国经济社会发展取得的历史性成就、发生的历史性变革充分证明，贯彻新发展理念是新时代我国发展壮大的必由之路。各级领导干部应该把思想和行动都统一到新发展理念上来，完整、准确、全面学习贯彻新发展理念，弄清新发展理念所要求的政绩是什么样的，进而强化使命担当，找准发展路径。同时，相关部门要充分发挥政绩考核的指挥棒作用，引导各级领导干部更加自觉地贯彻新发展理念。

只要我们坚定不移贯彻落实新发展理念，坚定不移用这样的理念来看待政绩，用这样的尺度来衡量政绩，踔厉奋发、笃行不怠，就一定能交出无愧于党和人民的优异答卷。

《人民日报》（2022 年 05 月 10 日 19 版）

决策用权当常怀敬畏

赵兵

习近平总书记在 2021 年底召开的中央经济工作会议上强调，领导干部要加强经济学知识、科技知识学习，特别是要悟透以人民为中心的发展思想，坚持正确政绩观，敬畏历史、敬畏文化、敬畏生态，慎重决策、慎重用权。

手中有权，当常怀敬畏。党员干部尤其是领导干部，必须树立正确的权力观，时刻牢记权力来自人民、当为民所用，知敬畏、存戒惧、守底线，时时以“如履薄冰，如临深渊”的态度决策用权。

敬畏信仰、敬畏组织、敬畏法纪是党员、干部的底线标准和刚性要求，而“敬畏历史、敬畏文化、敬畏生态”在实际工作中有时容易被忽视。但从现实情况来看，一旦缺乏对历史、文化和生态的敬畏之心，“乱作为”将难以避免，伤害群众感情、造成资源浪费，给党和人民的事业带来损害：有的为搞开发，对文物古迹和历史建筑进行破坏性拆除；有的为城市更新，大规模迁移砍伐城市树木；有的为追求发展高速度，盲目上马高耗能项目等。

我国幅员辽阔、历史悠久、文化灿烂，很多地方都有深厚的历史积淀、文化底蕴和独特自然生态，自然环境和人文环境共同构成了群众的生存空间，承载着一代又一代人的记忆，连接着人们的情感。群众生于斯长于斯，历史文化风俗浸润于寻常日用、散见于家长里短，一方风土人情就是幸福感的重要来源和保障。

敬畏历史、文化和生态，说到底是敬畏人民。一项政策出台，可能改变群众习以为常的生活习惯、环境，可能影响群众的工作生计。践行以人民为中心的发展思想，就要在施政过程中多想想、多问问群众满意不满意、高兴不高兴、答应不答应，针对群众的生活习惯、心理认知、价值判断都作一番细细考量和把握，充分考虑历史人文和自然生态等因素，科学评估对群众生产生活带来的变化，让政策更有生命力，把实事办到心坎上。

新时代新征程，面对新形势新任务，要完整、准确、全面贯彻新发展理念，领导干部必须加强学习，开拓眼界，增长本领，不断提高自己的治理能力和治理水平。比如推进乡村振兴，如何既让乡亲们的“腰包”鼓起来，又望得见山、看得见水、记得住乡愁？在市政建设中，如何既更新城市硬件，又能保持城市整体风貌？这些都需要下一番细功夫，增强政策的系统性整体性协同性，才能把实打实的政绩刻在人民群众心里，写在广袤大地上。

心中有敬畏，脚下有定力。广大党员干部悟透以人民为中心的发展思想，善于把握规律，因时因地制宜，坚持守正创新，为实现人民对美好生活的向往而慎重决策用权，我们就一定能够走好新的赶考之路，努力向历史、向人民交出新的更加优异的答卷。

《人民日报》（2022年01月11日19版）

第一编

“国之大者”就是人民的幸福生活

“‘国之大者’就是人民的幸福生活”

牢记初心使命，坚持人民至上，把为民造福作为最重要的政绩

久久为功 为民造福

张洋

近日，习近平总书记深入内蒙古巴彦淖尔市调研，主持召开加强荒漠化综合防治和推进“三北”等重点生态工程建设座谈会，强调“要勇担使命、不畏艰辛、久久为功”。

在乌梁素海，要求“要用心治理、精心呵护，一以贯之、久久为功”；在临河区国营新华林场，谈到“三北”防护林体系工程建设，强调“我们必须持续抓好这项工作，对得起我们的祖先和后代”；在河套灌区水量信息化监测中心，指出“河套灌区灌溉工程是千年基业，花了很大功夫，也很值得”……调研中，“久久为功”的理念贯穿始终。

纤纤不绝林薄成，涓涓不止江河生。现实中，抓改革、促发展、谋创新、护安全，干任何事情都要毅力与韧劲。习近平总书记反复强调要“发扬钉钉子精神”。钉钉子往往不是一锤子就能钉好的，而是要一锤一锤接着敲，直到把钉子钉实钉牢，钉牢一颗再钉下一颗，不断钉下去，必然大有成效。

久久为功，贵在坚持，考验着历史耐心、战略定力。

中央八项规定出台以来，端午节抓公款购买粽子等节礼、中秋节抓公款购买月饼等节礼、春节抓公款购买爆竹等年货节礼……各地各部门一个节点一个节点坚守、一个问题一个问题解决，管出了习惯、抓出了成效。

往大处看、往全局看，发展道路并非一帆风顺、一马平川，干事创业并非一蹴而就、一劳永逸，必须以“咬定青山不放松”的执着，朝着既定的目标勇毅前进。

久久为功，重在实干，意味着使命担当、接续奋斗。

2003 年，浙江省启动“千村示范、万村整治”工程：从全省选择 1 万个左右的行政村进行全面整治，把其中 1000 个左右的中心村建成全面小康示范村。

20 年来，浙江省一张蓝图绘到底，一年接着一年干。从“千村示范、万村整治”引领进步，到“千村精品、万村美丽”深化提升，再到“千村未来、万村共富”迭代升级，一幅“村美、人和、共富”画卷在之江大地徐徐铺展。

一切伟大成就都是接续奋斗的结果，一切伟大事业都需要在继往开来中推进。党和人民的事业薪火相传，是一场接力赛。一代人有一代人的使命，都要自觉发扬“功成不必在我、功成必定有我”的精神，跑好属于自己的“这一棒”。

久久为功，关键在“功”，必须树牢正确政绩观，永葆为民初心。

八百里太行万仞壁立、千峰如削，一渠清水穿山而来。20 世纪 60 年代，河南安阳林县数万人民靠着一锤、一铲、两只手，用近 10 年时间，凿出一条全长 1500 公里的红旗渠。

“没有老一辈人拼命地干，没有他们付出的鲜血乃至生命，就没有今天的幸福生活，我们要永远铭记他们”。红旗渠润泽一方，造福万千百姓，在时光的沉淀里收获口碑。这启示我们，树立和践行正确政绩观，既要做让老百姓看得见、摸得着、得实惠的实事，也要做为后人作铺垫、打基础、利长远的好事，不计较个人功名，追求人民群众的好口碑、历史沉淀之后真正的评价。

“人民对美好生活的向往，就是我们的奋斗目标。”说到底，久久为功的关键在于广大党员干部不忘初心、牢记使命，始终把为民造福作为最大的政绩，不断把人民群众对美好生活的向往化为现实。

久久为功，玉汝于成。新征程上，发扬钉钉子精神，一锤接着一锤敲，锲而不舍、奋发有为，中国式现代化定能不断向前推进。

《人民日报》（2023 年 06 月 20 日 19 版）

始终为人民利益而奋斗

步超

在学习贯彻习近平新时代中国特色社会主义思想主题教育工作会议上的重要讲话中，习近平总书记强调："要教育引导广大党员、干部牢固树立以人民为中心的发展思想，坚持一切为了人民、一切依靠人民"。我们党来自人民、扎根人民、造福人民，始终把最广大人民根本利益作为一切工作的根本出发点和落脚点。一百多年风雨兼程，正是因为有着始终为人民利益而奋斗的坚毅执着，我们党才能团结带领人民战胜各种风险挑战，绘就气势恢宏的历史画卷，不断创造人民美好生活，迎来民族复兴的光明前景。

是不是始终为人民利益而奋斗，事实最有说服力。井冈山险、长征路远，无数年轻的共产党人因为理想信念而前赴后继，他们不是为了自己当官发财，只为"唤起工农千百万"，让人民得解放。

新中国成立后，面对旧社会留下的满目疮痍、贫穷落后的烂摊子，共产党人自强不息、发愤图强，为实现社会主义现代化而艰苦奋斗。无论是住帐篷、喝苦水、战风沙，创造“两弹一星”奇迹，还是栉风沐雨、披星戴月，把边陲小镇迅速建成经济特区，中国共产党人的一切奋斗都是为了实现国家富强、民族振兴、人民幸福。新时代，以习近平同志为核心的党中央坚持以人民为中心的发展思想，提出让人民生活幸福是“国之大者”，无论是在疫情大考中坚持人民至上、生命至上，全力护佑每一个生命，还是动员全党全国全社会力量凝心聚力打赢脱贫攻坚战，我们党的为民初心历久弥坚、永不褪色。穿越战争的烽火硝烟、走过创业的筚路蓝缕、历经改革的大潮澎湃、驶向复兴的光辉彼岸，我们党始终为人民拼搏奋斗、同人民休戚与共。

为什么我们党能摆脱以往一切政治力量追求自身特殊利益的局限，始终为人民利益而奋斗？先进思想的指引、精神力量的传承、群众路线的保障、制度作用的发挥是不可忽视的重要原因。马克思主义是来自人民、为了人民、造福人民的理论。我们党坚持以马克思主义为指导，在领导中国革命、建设、改革的伟大实践中充分贯彻马克思主义的人民性和实践性。我们党弘扬伟大建党精神，无数先进模范人物用自己的奋斗牺牲书写了对党忠诚、不负人民的精神史诗，激励一代代共产党人为实现人民利益而砥砺前行、接续奋斗。我们党践行群众路线这一党的生命线和根本工作路线，把群众路线贯彻到党治国理政全部活动之中，始终保持党同人民群众的血肉联系，使党的主张能够体现人民意志、反映人民愿望、维护人民权益、增进人民福祉。我们党坚持制度治党、依规治党，探索建立不忘初心、牢记使命的制度，完善党的自我革命制度规范体系，用一系列行之有效的制度安排建立确保党始终为人民利益而奋斗的长效机制。

新征程上，我们党面临的“四大考验”“四种危险”将长期存在，要始终坚持为人民利益而奋斗，永远不变质、不变色、不变味，必须不断夯实思想根基。习近平新时代中国特色社会主义思想作为当代中国马克思主义、二十一世纪马克思主义，蕴含着深厚的人民情怀，具有鲜明的人民性。扎实开展学习贯彻习近平新时代中国特色社会主义思想主题教育，坚持以学铸魂，对于推动广大党员、干部站稳人民立场、强化宗旨意识、坚守初心使命具有重大意义。广大党员、干部在主题教育中要把自己的思想摆进去，深刻感悟党的创新理论的真理力量、实践力量、人格力量，牢记中国共产党是什么、要干什么这个根本问题，努力把学习成果转化为为人民利益而奋斗的生动实践。

《人民日报》（2023 年 06 月 08 日 09 版）

增进民生福祉 提高人民生活品质

莫荣

人民对美好生活的向往就是我们的奋斗目标。党的二十大报告明确了未来五年我国发展的主要目标任务，其中包括“居民收入增长和经济增长基本同步，劳动报酬提高与劳动生产率提高基本同步，基本公共服务均等化水平明显提升，多层次社会保障体系更加健全”。这为我们坚持在发展中保障和改善民生、鼓励共同奋斗创造美好生活，在新征程上不断实现人民对美好生活的向往指明了前进方向。

完善分配制度，筑牢促进共同富裕的基础性制度

分配制度是促进共同富裕的基础性制度。党的十八大以来，我

们党高度重视收入分配问题，着力深化收入分配制度改革，收入分配格局明显改善。居民收入水平不断提高，居民收入占国民收入分配比重、劳动报酬占初次分配比重持续上升，2012—2021年全国居民人均可支配收入年均名义增速高于同期人均国内生产总值年均名义增速。收入分配关系趋于合理，城乡居民人均可支配收入之比从2012年的2.88∶1下降至2022年的2.45∶1，东部、中部和东北地区与西部地区居民人均收入之比（以西部地区居民收入为1）从2012年的1.72、1.10和1.30分别缩小至2021年的1.62、1.07和1.10。收入分配秩序不断规范，以过硬举措解决拖欠农民工工资问题，实现机关事业单位与企业养老保险制度并轨，社会保障覆盖面不断扩大、保障水平持续提升。形成了世界上规模最大、最具成长性的中等收入群体，中等收入群体规模超过4亿人。同时要清醒认识到，我国收入分配领域仍存在一些问题和挑战，需要进一步深化收入分配体制改革、完善分配制度。

当前，我们正在意气风发向全面建成社会主义现代化强国的第二个百年奋斗目标迈进，要更加重视收入分配在我国经济社会发展、全体人民共同富裕中的重要作用。党的二十大报告对完善分配制度作出重要部署。完善分配制度，使居民收入增长和经济增长基本同步、劳动报酬提高与劳动生产率提高基本同步，充分体现了以人民为中心的发展思想，既有利于激发社会成员创造更多社会财富的动力，把“蛋糕”做大，为共同富裕打下坚实物质基础；又有利于让发展成果更多更公平惠及全体人民，把“蛋糕”分好，促进实现共同富裕。完善分配制度是社会公平正义的重要体现，有利于鼓励勤劳致富，保护合法收入，促进机会公平、权利公平；有利于防止收入分配差距过大，促进社会和谐稳定。

贯彻落实党的二十大精神，完善分配制度，要在工资分配中充分发挥市场的决定性作用，更好发挥政府作用，在促进经济社会发展的同时实现职工工资协调增长、劳动生产率提高与劳动报酬提高基本同步。坚持按劳分配为主体、多种分配方式并存，构建初次分配、再分配、第三次分配协调配套的制度体系，充分发挥初次分配的基础性作用，更好发挥再分配和第三次分配的调节功能。完善按要素分配政策制度，探索多种渠道增加中低收入群众要素收入，多渠道增加城乡居民财产性收入。规范收入分配秩序，优化收入分配结构，缩小收入分配差距，助力推动全体人民共同富裕取得更为明显的实质性进展。

强化就业优先政策，推动实现高质量充分就业

就业是人民群众最关心最直接最现实的利益问题之一，是劳动者通过勤奋劳动实现自身发展的重要途径。在全面建设社会主义现代化国家新征程上做好就业工作，有利于发挥我国人力资源优势，提高劳动力资源开发和配置效率，促进人口红利向人才红利转变，提高人力资源竞争优势；有利于确保经济在合理区间运行，促进经济社会协调发展，形成经济发展与扩大就业的良性互动；有利于解决重点群体就业难题、补齐劳动者权益保障短板，促进居民收入增长和经济增长基本同步、劳动报酬提高与劳动生产率提高基本同

步；有利于防范化解规模性失业等风险，提高有效应对国内外风险挑战的能力和水平。

党的二十大对做好就业工作作出重要部署，明确提出“就业是最基本的民生”。这既同党的十八大提出的“就业是民生之本”、党的十九大提出的“就业是最大的民生”一脉相承，又深刻阐明了就业对于民生的极端重要性。与党的十八大提出的“就业更加充分”“更高质量的就业”、党的十九大提出的“更高质量和更充分就业”相比，党的二十大对就业工作提出了“促进高质量充分就业”的更高要求。充分就业是指在经济持续健康发展过程中不断创造新的就业岗位，使有就业意愿的劳动者都能获得就业机会；高质量就业是指劳动者就业状况和工作条件不断改善，在劳动过程中的各项劳动权益得到有效保障，逐步实现体面劳动和人的全面发展。高质量充分就业将二者有机结合，要求促进就业提升在质量和数量上协调共进。党的二十大作出“强化就业优先政策，健全就业促进机制”的重要部署，将“就业是最基本的民生”从理念层面的重要认识转化为执行层面的具体要求，指明了实现高质量充分就业的顶层设计方向和体制机制建设目标。

贯彻落实党的二十大决策部署，强化就业优先政策，可从以下几方面着手：一是健全就业促进机制，突出经济发展的就业导向，充分发挥我国人力资源丰富的优势，推动形成高质量发展与就业扩容提质互促共进的良性循环。二是健全就业公共服务体系，打造覆盖全民、贯穿全程、辐射全域、便捷高效的全方位公共就业服务体系，提升劳动力市场供需匹配效率，特别是持续改善革命老区、边境地区等公共就业服务水平和质量，增强公共就业服务均衡性和可及性。三是统筹城乡就业政策体系，破除影响劳动力、人才流动等的不合理限制和就业歧视，健全城乡劳动者平等参与市场竞争的就业机制，健全终身职业技能培训制度，使人人都有通过勤奋劳动实现自身发展的机会。四是完善促进创业带动就业的保障制度，营造有利于创新创业创造的良好发展环境，激发市场活力和社会创造力，培育接续有力的就业新动能。五是健全劳动法律法规，完善劳动关系协商协调机制，完善劳动者权益保障制度，加强灵活就业和新就业形态劳动者的权益保障。

健全多层次社会保障体系，为人民群众提供更可靠更充分的保障

社会保障是促进经济社会发展、实现广大人民群众共享改革发展成果的重要制度安排，发挥着民生保障安全网、收入分配调节器、经济运行减震器的作用。

党的十八大以来，我们党始终坚持以人民为中心的发展思想，把社会保障体系建设摆上更加突出的位置，推动我国社会保障体系建设进入快车道，我国社会保障事业发展取得历史性成就。我国成功建立起世界上规模最大的社会保障网，社会保障制度的公平性、可持续性显著增强。同时要看到，人口老龄化程度不断加深、新就业形态快速发展等对我国社会保障体系建设提出了新的更高要求。

党的二十大报告对社会保障体系建设作出重要部署，提出"社会保障体系是人民生活的安全网和社会运行的稳定器"，要求"健

全覆盖全民、统筹城乡、公平统一、安全规范、可持续的多层次社会保障体系”。我们要立足我国基本国情，借鉴国际经验，为广大人民群众提供更可靠更充分的保障，不断满足人民群众多层次多样化需求，进一步织密社会保障安全网。要构建以基本养老保险为基础、以企业年金和职业年金为补充、与个人储蓄性养老保险和商业养老保险相衔接的“三支柱”养老保险体系，更好满足人民群众多样化需求。健全基本养老、基本医疗保险筹资和待遇调整机制，推动基本医疗保险、失业保险、工伤保险省级统筹，进一步明确中央与地方事权和支出责任。把农村社会救助纳入乡村振兴战略统筹谋划，健全农村社会救助制度，完善日常性帮扶措施。健全农民工、灵活就业人员、新业态就业人员参加社会保险制度，健全退役军人保障制度，健全老年人关爱服务体系，完善帮扶残疾人、孤儿等社会福利制度。促进多层次医疗保障有序衔接，完善大病保险和医疗救助制度，落实异地就医结算，建立长期护理保险制度，积极发展商业医疗保险。加快完善全国统一的社会保险公共服务平台。健全分层分类的社会救助体系。完善残疾人社会保障制度和关爱服务体系，促进残疾人事业全面发展。

《人民日报》（2023 年 05 月 19 日 09 版）

把必须坚持人民至上领会好运用好

孙庆聚

当前，全党正在深入开展学习贯彻习近平新时代中国特色社会主义思想主题教育。这次主题教育就是要推动全党特别是领导干部不断把学习贯彻习近平新时代中国特色社会主义思想引向深入。学深悟透习近平新时代中国特色社会主义思想，要把握这一重要思想的世界观、方法论和贯穿其中的立场观点方法。党的二十大报告提出了继续推进理论创新的科学方法，即必须坚持人民至上、必须坚持自信自立、必须坚持守正创新、必须坚持问题导向、必须坚持系统观念、必须坚持胸怀天下。这“六个必须坚持”是习近平新时代中国特色社会主义思想的立场观点方法的重要体现，其中“必须坚持人民至上”位列第一。马克思主义是人民的理论。必须坚持人民至上，在习近平新时代中国特色社会主义思想中具有基础性、根本性的地位和作用。坚持用习近平新时代中国特色社会主义思想凝心铸魂，推动主题教育扎实开展、取得实效，就要深刻领悟、准确把握必须坚持人民至上这一重要立场观点方法，将其转化为自身改造主观世界和客观世界的强大思想武器，真正做到内化于心、外化于行。

人民性是马克思主义的本质属性

习近平总书记指出："马克思主义是人民的理论，第一次创立了人民实现自身解放的思想体系。"在人类思想史上，马克思主义第一次站在人民的立场探求人类自由解放的道路，人民性是马克思主义的本质属性。马克思、恩格斯论证了历史的真正创造者是人民群众，指出："历史上的活动和思想都是'群众'的思想和活动""历史活动是群众的事业"。列宁继承发展了马克思、恩格斯的人民观，更加重视人民群众在历史发展中的重要作用："随着人们历史创造活动的扩大和深入，作为自觉的历史活动家的人民群众在数量上也必定增多起来""生气勃勃的创造性的社会主义是由人民群众自己创立的"。马克思主义植根人民之中，指明了依靠人民推动历史前进的人间正道，对人类社会产生了前所未有的深刻影响。

十月革命一声炮响，给中国送来了马克思列宁主义。中国共产党坚持以马克思主义为指导，在把马克思主义基本原理同中国具体实际相结合、同中华优秀传统文化相结合的历史进程中展开党的理论探索史。在这部不断开辟马克思主义中国化时代化新境界的历史中，中国共产党人在推进理论创新、进行理论创造时始终坚守人民性这个马克思主义的本质属性。毛泽东同志认为：“真正的铜墙铁壁是什么？是群众，是千百万真心实意地拥护革命的群众。这是真正的铜墙铁壁，什么力量也打不破的，完全打不破的”“中国的命运一经操在人民自己的手里，中国就将如太阳升起在东方那样，以自己的辉煌的光焰普照大地”。

在改革开放和社会主义现代化建设新时期，邓小平同志指出：“不发展生产力，不提高人民的生活水平，不能说是符合社会主义要求的”，强调“是否有利于提高人民的生活水平”是评判我国改革得失成败的标准之一。江泽民同志把“全心全意为人民服务，立党为公，执政为民”作为我们党同一切剥削阶级政党的根本区别，指出“我们党要始终代表中国最广大人民的根本利益，就是党的理论、路线、纲领、方针、政策和各项工作，必须坚持把人民的根本利益作为出发点和归宿”。胡锦涛同志明确科学发展观“核心是以人为本”，要求各级领导干部“做到权为民所用、情为民所系、利为民所谋”。

中国特色社会主义进入新时代，习近平总书记指出：“我们党来自于人民，为人民而生，因人民而兴”“以百姓心为心，与人民同呼吸、共命运、心连心，是党的初心，也是党的恒心”“让人民生活幸福是‘国之大者’”“人民对美好生活的向往就是我们的奋斗目标”……习近平总书记始终把人民挂在心头、念在心里，习近平新时代中国特色社会主义思想的实质就是“人民至上论”“人民幸福论”。回顾党的百余年理论探索史，正是因为我们党坚持和发展马克思主义的人民性，党的创新理论不断彰显旺盛生命力，始终得到亿万人民拥护支持，科学指引人民取得一个又一个胜利。

坚持人民至上
是习近平新时代中国特色社会主义思想中贯穿的一条红线

坚持人民至上，就是要坚持以人民为中心，依靠人民开创历史伟业，带领人民创造美好生活。党的十八大以来，历史的接力棒交到了以习近平同志为主要代表的中国共产党人手中。习近平总书记是来自人民、扎根人民，在人民中历练、在人民中成长，得到人民拥护、深受人民爱戴的人民领袖；习近平新时代中国特色社会主义思想的理论基点、价值支点、实践原点就是坚持人民至上。更好领会习近平新时代中国特色社会主义思想的精髓要义，就要深刻领会必须坚持人民至上是习近平新时代中国特色社会主义思想的根本立场，是继续推进马克思主义中国化时代化的根本出发点。

把握理论基点。马克思主义是人民的理论。作为当代中国马克思主义、二十一世纪马克思主义，习近平新时代中国特色社会主义思想中贯穿的一条红线就是坚持人民至上。必须坚持人民至上之所以位列“六个必须坚持”之首，就是因为这是习近平新时代中国特色社会主义思想的根本立场，是这一重要思想的世界观、方法论和贯穿其中的立场观点方法最鲜明的内容之一。习近平总书记对人民利益尽心尽责，对百姓冷暖念兹在兹，具有与人民心心相印、同甘共苦的真挚情怀。习近平新时代中国特色社会主义思想将坚持人民至上作为自身的理论基点，把为了人民、造福人民作为不断推进马克思主义中国化时代化的原动力，真正实现了人民利益、人民心声的集中表达。

坚守价值支点。坚持人民至上，是理论论断，也是价值判断。习近平新时代中国特色社会主义思想把一切为了人民作为治国理政的根本价值取向。习近平总书记指出：“我们的目标很宏伟，但也很朴素，归根结底就是让全体中国人都过上更好的日子。”同时，习近平新时代中国特色社会主义思想将人民利益作为评判党的一切工作的标准。习近平总书记指出：“党的一切工作必须以最广大人民根本利益为最高标准”“检验我们一切工作的成效，最终都要看人民是否真正得到了实惠，人民生活是否真正得到了改善，人民权益是否真正得到了保障”“把人民拥护不拥护、赞成不赞成、高兴不高兴、答应不答应作为衡量一切工作得失的根本标准”。正是因为深深扎根人民、紧紧依靠人民、始终彰显人民至上的价值取向，习近平新时代中国特色社会主义思想开辟了马克思主义中国化时代化新境界。

立足实践原点。习近平新时代中国特色社会主义思想不但具有真理力量，而且不断彰显实践伟力。正是在实践中始终坚持人民至上，新时代党和国家事业取得历史性成就、发生历史性变革。习近平总书记强调：“为人民过上更加美好生活而矢志奋斗”“增进民生福祉是发展的根本目的”，充分体现一切为了人民；习近平总书记强调：“我们要紧紧依靠人民，充分发挥人民主体作用，尊重人民首创精神，为了人民干事创业，依靠人民干事创业”，充分体现一切依靠人民。新时代十年，我们在实践中坚持一切为了人民，建成世界上规模最大的教育体系、社会保障体系、医疗卫生体系，人民生活全方位改善，人民群众获得感、幸福感、安全感更加充实、更有保障、更可持续；我们在实践中坚持一切依靠人民，真心尊崇人民、真诚相信人民、真正依靠人民，稳经济、促发展，战贫困、建小康，控疫情、抗大灾，应变局、化危机，攻克了一个个看似不可攻克的难关险阻，创造了一个个令人刮目相看的人间奇迹，成功推进和拓展了中国式现代化。

答好新时代新征程“人民至上”考题

习近平总书记指出：“只有准确把握包括‘六个必须坚持’在内的新时代中国特色社会主义思想的立场观点方法，才能更好领会新时代中国特色社会主义思想的精髓要义，才能把思想方法搞对头，认识问题才站得高，分析问题才看得深，开展工作也才能把得准，确保张弛有度、收放自如。”深入学习贯彻习近平新时代中国特色社会主义思想，要把必须坚持人民至上领会好、运用好，答好新时代新征程“人民至上”考题。

坚持站稳人民立场。习近平总书记指出：“人民立场是中国共产党的根本政治立场，是马克思主义政党区别于其他政党的显著标志。”坚持站稳人民立场，要始终代表最广大人民的根本利益，与人民休戚与共、生死相依，始终同人民同呼吸、共命运、心连心。要把为人民谋幸福作为根本使命，把人民利益摆在至高无上的地位，坚持全心全意为人民服务的根本宗旨，坚持发展为了人民、发展依靠人民、发展成果由人民共享，让改革发展成果更多更公平惠及全体人民，朝着实现全体人民共同富裕不断迈进。

坚持树牢群众观点。习近平总书记指出：“人民是创造历史的动力，我们共产党人任何时候都不要忘记这个历史唯物主义最基本的道理。”人民群众有着无尽的智慧和力量，是决定我们前途命运的根本力量。坚持树牢群众观点，要尊重人民主体地位和首创精神，始终相信人民，紧紧依靠人民，充分调动广大人民的积极性、主动性、创造性，凝聚起众志成城的磅礴之力，团结带领人民共同创造新的历史伟业。我们要深刻认识到，前进道路上，无论是风高浪急还是惊涛骇浪，人民永远是我们党最坚实的依托、最强大的底气。

坚持贯彻群众路线。群众路线是我们党始终坚持的根本工作方法。习近平总书记指出：“不论过去、现在和将来，我们都要坚持一切为了群众，一切依靠群众，从群众中来，到群众中去，把党的正确主张变为群众的自觉行动，把群众路线贯彻到治国理政全部活动之中。”坚持贯彻党的群众路线，要始终保持党同人民群众的血肉联系，对群众有感情，真正把自己当作群众的一员，把群众的事当作自己的事。要始终接受人民批评和监督，积极回应群众关切，切实解决群众最关心最直接最现实的利益问题，使我们党永远赢得人民群众信任和拥护。

《人民日报》（2023 年 04 月 10 日 09 版）

始终同人民站在一起想在一起干在一起

——全面把握习近平新时代中国特色社会主义思想的世界观和方法论

人民日报评论部

巍巍宝塔山，滚滚延河水。党的二十大闭幕不到一周，习近平总书记带领二十届中共中央政治局常委来到了延安，瞻仰革命圣地。习近平总书记语重心长地说："延安时期，党提出全心全意为人民服务的根本宗旨并写入党章，强调共产党'这个队伍完全是为着解放人民的，是彻底地为人民的利益工作的'，要求党的干部'把屁股端端地坐在老百姓的这一面'，形成了'只见公仆不见官'的生动局面。"

人民性是马克思主义的本质属性。始终同人民在一起，为人民利益而奋斗，是马克思主义政党同其他政党的根本区别。围绕开辟马克思主义中国化时代化新境界，党的二十大报告明确提出了“六个坚持”，其中居于首位的就是“必须坚持人民至上”。在习近平新时代中国特色社会主义思想中，“人民”二字具有基础性、根本性的地位和作用，人民至上是理论基点、价值支点、实践原点，也是我们党治国理政的出发点、落脚点。

“人民”二字，重若千钧。“江山就是人民，人民就是江山”“想人民之所想，行人民之所嘱”“让人民生活幸福是‘国之大者’”“我将无我，不负人民”“始终同人民站在一起、想在一起、干在一起”……一句句深情的话语，饱含着人民领袖对人民的真挚情怀，映照出百年大党对人民的赤子之心。党的十八大以来，以习近平同志为核心的党中央提出以人民为中心的发展思想，坚持一切为了人民、一切依靠人民，始终把人民放在心中最高位置、把人民对美好生活的向往作为奋斗目标，推动改革发展成果更多更公平惠及全体人民，扎实推动共同富裕，把 14 亿多中国人民凝聚成推动中华民族伟大复兴的磅礴力量。

中国共产党人深深懂得，一切脱离人民的理论都是苍白无力的，一切不为人民造福的理论都是没有生命力的。针对农村贫困人口的实际情况，创造性地提出精准扶贫精准脱贫，指引脱贫攻坚战取得全面胜利，兑现了全面小康“一个都不能少”的庄严承诺；针对新的历史条件下我们党面临的“四大考验”“四种危险”，创造性地提出全面从严治党，践行“得罪千百人、不负十四亿”的使命担当；针对统筹经济发展与生态环境保护的难题，创造性地提出“绿水青山就是金山银山”理念，推动实现百姓富、生态美的有机统一……一系列重要思想重要理念，热切回应人民群众美好生活期待，聚焦解决急难愁盼问题，为的就是让老百姓过上更好的日子。

党的理论是来自人民、为了人民、造福人民的理论，人民的创造性实践是理论创新的不竭源泉。一路走来，我们紧紧依靠人民交出了一份又一份载入史册的答卷。新时代这十年，稳经济、促发展，战贫困、建小康，控疫情、抗大灾，应变局、化危机，我们之所以能战胜涉滩之险、爬坡之艰、闯关之难，正是因为我们凝聚起了亿万人民的一往无前之勇、应变求变之智、攻坚克难之力。人民是历史的创造者，是决定党和国家前途命运的根本力量。人民性是马克思主义最鲜明的品格。忘记了人民，脱离了人民，我们就会成为无源之水、无本之木，就会一事无成。深深扎根人民、紧紧依靠人民，继续推进实践基础上的理论创新，才能不断开辟马克思主义中国化时代化新境界。

治国有常，利民为本。为民造福是立党为公、执政为民的本质要求。习近平总书记在党的二十大报告中强调："我们要站稳人民立场、把握人民愿望、尊重人民创造、集中人民智慧，形成为人民所喜爱、所认同、所拥有的理论，使之成为指导人民认识世界和改造世界的强大思想武器。"前进道路上，无论是风高浪急还是惊涛骇浪，人民永远是我们党最坚实的依托、最强大的底气。时代呼唤着我们，人民期待着我们，唯有矢志不渝、笃行不怠，方能不负时代、不负人民。我们要实现好、维护好、发展好最广大人民根本利益，紧紧抓住人民最关心最直接最现实的利益问题，坚持尽力而为、量力而行，深入群众、深入基层，采取更多惠民生、暖民心举措，着力解决好人民群众急难愁盼问题，健全基本公共服务体系，提高公共服务水平，增强均衡性和可及性，推动共同富裕取得更为明显的实质性进展。

“新征程上，我们要始终坚持一切为了人民、一切依靠人民。”江山就是人民，人民就是江山。面向未来，始终与人民风雨同舟、与人民心心相印，想人民之所想，行人民之所嘱，撸起袖子加油干、风雨无阻向前行，不断把人民对美好生活的向往变为现实，我们就一定能在新的赶考之路上向历史和人民交出新的优异答卷，继续在人类的伟大时间历史中创造中华民族的伟大历史时间！

《人民日报》（2022 年 11 月 15 日 07 版）

始终坚持以人民为中心

国防大学习近平新时代中国特色社会主义思想研究中心

坚持以人民为中心是我们党的根本执政理念，是新时代坚持和发展中国特色社会主义的一条基本方略。习近平总书记在省部级主要领导干部专题研讨班上强调："前进道路上，全党要坚持全心全意为人民服务的根本宗旨，树牢群众观点，贯彻群众路线，尊重人民首创精神，坚持一切为了人民、一切依靠人民，从群众中来、到群众中去，始终保持同人民群众的血肉联系，始终接受人民批评和监督，始终同人民同呼吸、共命运、心连心。"习近平总书记的重要论述，展现了我们党坚持人民至上的价值追求，彰显了中国共产党人为中国人民谋幸福、为中华民族谋复兴的初心使命，激励着全党为人民幸福而不懈奋斗。

坚持全心全意为人民服务的根本宗旨

我们党来自于人民，党的根基和血脉在人民。习近平总书记指出：“为人民而生，因人民而兴，始终同人民在一起，为人民利益而奋斗，是我们党立党兴党强党的根本出发点和落脚点。”中国共产党作为马克思主义政党，党性和人民性从来都是一致的、统一的。我们党代表中国最广大人民根本利益，没有任何自己特殊的利益，从来不代表任何利益集团、任何权势团体、任何特权阶层的利益。因此，坚持以人民为中心是由党的性质宗旨决定的，要求我们心中装着百姓，把人民放在心中最高位置，始终坚持全心全意为人民服务的根本宗旨。

中国共产党一路走来，始终将“人民”二字铭刻在灵魂深处。建党初期，我们党积极领导与组织工人运动，领导全国反帝反封建伟大斗争，掀起大革命高潮。革命战争年代，从打土豪、分田地，到开展抗日战争、与侵略者进行殊死搏斗，再到推翻国民党反动统治、建立新中国，在一次次艰苦卓绝的伟大斗争中，中国共产党人之所以不畏牺牲，抛头颅、洒热血，就是为了人民翻身得解放。新中国成立后尤其是改革开放后，我们党始终重视解决广大人民群众的切身利益问题，团结带领中国人民实现了从温饱不足到总体小康、奔向全面小康的历史性跨越。党的十八大以来，以习近平同志为核心的党中央把人民对美好生活的向往作为党的奋斗目标，团结带领全党全国各族人民如期打赢脱贫攻坚战，如期全面建成小康社会，历史性地解决了绝对贫困问题，人民群众的获得感、幸福感、安全感更加充实、更有保障、更可持续。

习近平总书记指出："一个忘记初心的政党必定是没有未来的政党。"作为世界上最大的马克思主义执政党，要巩固长期执政地位、始终赢得人民衷心拥护，我们党必须永葆"赶考"的清醒和坚定。要以正视问题的勇气和刀刃向内的自觉不断推进党的自我革命，引导党员干部在思想政治上不断进行检视、剖析、反思，不断去杂质、除病毒、防污染，始终做到初心如磐、使命在肩。要毫不动摇地把实现好、维护好、发展好最广大人民根本利益作为一切工作的出发点和落脚点，把人民拥护不拥护、赞成不赞成、高兴不高兴、答应不答应作为衡量一切工作得失的根本标准，真诚倾听群众呼声，真实反映群众愿望，真情关心群众疾苦，想群众之所想，急群众之所急，解群众之所难，一心一意为百姓造福，以实际行动诠释共产党人全心全意为人民服务的根本宗旨，确保党始终赢得人民群众的衷心拥护和坚定支持。

以人民的理论指导党和人民的事业

坚持以人民为中心，既是崇高道义的呼唤，也是科学真理的要求。在人类思想史上，没有一种思想理论像马克思主义那样对人类产生如此广泛而深刻的影响，也没有一种理论如此深深植根于人民。马克思主义是人民的理论，这一思想体系站在人民的立场探求人类自由解放的道路，为人民认识世界、改造世界提供了强大精神力量。坚持以人民为中心，就要把马克思主义作为立党立国、兴党强国的根本指导思想，并勇于结合新的实践不断推进理论创新，善于用新的理论指导新的实践。

百余年来，我们党之所以能够团结带领人民书写中华民族几千年历史上最恢宏的史诗，一个根本原因就是在马克思主义这一人民的理论指导下，中国共产党把中国人民的伟力激发出来、凝聚起来了。中国共产党推进马克思主义中国化时代化的历史进程，是把马克思主义基本原理同中国具体实际相结合、同中华优秀传统文化相结合的历史进程，同时也是把人民群众的意志、主张和智慧凝结升华为党的创新理论的历史进程。比如，改革开放中的许多新生事物都是人民群众创造的，邓小平同志指出：“改革开放中许许多多的东西，都是群众在实践中提出来的。”“农村搞家庭联产承包，这个发明权是农民的。”我们党正是坚持马克思主义的指导地位、树牢马克思主义的群众观点，始终把政治智慧的增长、执政本领的增强深深扎根于人民的伟大实践，在推进马克思主义中国化时代化的历史进程中深刻反映和坚定维护人民群众的利益诉求，才使党的创新理论的人民性愈益鲜明，也才使中国共产党人手中握有的真理真正是用来引领人民群众为自己谋利益的思想武器。

当代中国正经历着我国历史上最为广泛而深刻的社会变革，也正在进行着人类历史上最为宏大而独特的实践创新。处在实践一线的人民群众把握时代脉动最真切，感知实践呼唤最敏锐。我们要始终坚持马克思主义的指导地位，坚持以习近平新时代中国特色社会主义思想这一当代中国马克思主义、二十一世纪马克思主义为指导，树牢马克思主义的群众观点，紧紧依靠群众，密切联系群众，随时听取群众的呼声，了解群众的情绪，代表群众的利益，坚持人民主体地位，尊重人民首创精神，把人民对美好生活的向往作为奋斗目标，注重从人民群众中汲取智慧和力量，用新时代党的创新理论引领人民群众开创美好未来。

把群众路线贯彻到治国理政的全部活动之中

坚持以人民为中心，不能止步于理论，必须落实到党治国理政的伟大实践中，这就要求我们必须走好党的群众路线。习近平总书记指出："群众路线是我们党的生命线和根本工作路线，是我们党永葆青春活力和战斗力的重要传家宝。"群众路线是我们党始终坚持的根本工作方法，是干事创业的人间正道。我们要从政治的高度深刻认识密切联系群众的重要性，任何时候任何情况下与人民群众同呼吸共命运的立场不能变，全心全意为人民服务的宗旨不能忘，坚信群众是真正英雄的历史唯物主义观点不能丢。新的赶考之路上，我们要坚持一切为了群众，一切依靠群众，从群众中来，到群众中去，把党的正确主张变为群众的自觉行动，把群众路线贯彻到党治国理政全部活动之中。

在百余年波澜壮阔的历史进程中，我们党之所以能够历经磨难奠基立业、创造辉煌，就在于始终依靠人民创造历史伟业。坚持群众路线，核心的问题是党要始终保持同人民群众的血肉联系，一刻也不脱离群众。密切联系群众，是党的性质和宗旨的体现。习近平总书记指出："我们取得的一切成就，都是党和人民一道奋斗出来的。”我们能够创造新民主主义革命的伟大成就，靠的是党团结带领中国人民浴血奋战、百折不挠。我们能够创造社会主义革命和建设的伟大成就，靠的是党团结带领中国人民自力更生、发愤图强，充分保护和释放最广大劳动人民翻身做主人而迸发出来的建设热情。我们能够创造改革开放和社会主义现代化建设的伟大成就，靠的是党团结带领中国人民解放思想、锐意进取，坚持把人民群众作为力量源泉。我们能够创造新时代中国特色社会主义的伟大成就，靠的是党团结带领中国人民自信自强、守正创新，汇聚起实现中华民族伟大复兴的磅礴力量。

在全面建设社会主义现代化国家、向第二个百年奋斗目标进军的新征程上，我国发展面临新的战略机遇、新的战略任务、新的战略阶段、新的战略要求、新的战略环境，需要应对的风险和挑战、需要解决的矛盾和问题比以往更加错综复杂。化解风险、应对挑战、破解难题，智慧和力量就在人民群众之中。问政于民方知得失，问需于民方知冷暖，问计于民方知虚实。我们要认真贯彻党的群众路线，使群众路线融入经济社会发展全过程，贯穿到党的全部工作中，让我们党始终做到善于通过提出并贯彻正确的理论和路线方针政策带领人民前进，善于从人民的实践创造和发展要求中完善政策主张，善于从群众中寻找解决问题的方案和办法，使作出的决策和决策的执行充分体现民心民意。

（执笔：刘珂、刘光明）

《人民日报》（2022 年 09 月 19 日 10 版）

坚持全心全意为人民服务的根本宗旨

曹普

为什么人的问题，是一个根本的问题、原则的问题，是检验一个政党、一个政权性质的试金石。习近平总书记近日在省部级主要领导干部专题研讨班上强调：“前进道路上，全党要坚持全心全意为人民服务的根本宗旨”“始终保持同人民群众的血肉联系，始终接受人民批评和监督，始终同人民同呼吸、共命运、心连心。”深入学习领会习近平总书记重要讲话精神，坚持全心全意为人民服务的根本宗旨，对于在新时代新征程上奋力谱写全面建设社会主义现代化国家崭新篇章具有十分重要的意义。

深刻把握我们党区别于其他一切政党的根本标志

一百多年来，为什么人民群众始终拥护中国共产党？就是因为我们党始终坚持全心全意为人民服务。习近平总书记强调：“全心全意为人民服务，是我们党一切行动的根本出发点和落脚点，是我们党区别于其他一切政党的根本标志。”

确立和坚持全心全意为人民服务的根本宗旨，是由中国共产党的性质决定的。马克思、恩格斯在《共产党宣言》中揭示了无产阶级运动与以往一切运动的区别：“过去的一切运动都是少数人的，或者为少数人谋利益的运动。无产阶级的运动是绝大多数人的，为绝大多数人谋利益的独立的运动。”1944年9月，毛泽东同志在为悼念张思德烈士而作的《为人民服务》演讲中指出：“我们的共产党和共产党所领导的八路军、新四军，是革命的队伍。我们这个队伍完全是为着解放人民的，是彻底地为人民的利益工作的。”我们党是用马克思主义武装起来的政党，遵循的是无产阶级政党的建党原则。党章开宗明义宣告：“中国共产党是中国工人阶级的先锋队，同时是中国人民和中华民族的先锋队”。规定党“坚持全心全意为人民服务”“在任何时候都把群众利益放在第一位，同群众同甘共苦，保持最密切的联系”。中国共产党与人民休戚与共、生死相依，除了工人阶级和最广大人民群众的利益，没有自己特殊的利益，从来不代表任何利益集团、任何权势团体、任何特权阶层的利益。

我们党来自于人民，党的根基和血脉在人民。为人民而生，因人民而兴，始终同人民在一起，为人民利益而奋斗，是我们党立党兴党强党的根本出发点和落脚点。新时代新征程，面对艰巨繁重的改革发展稳定任务、严峻复杂的风险挑战，我们要进一步增强宗旨意识，始终坚持全心全意为人民服务的根本宗旨。

坚持人民至上，把人民放在心中最高位置

我们党之所以历经百年而风华正茂、饱经磨难而生生不息，一个重要原因就是坚持人民至上、把人民放在心中最高位置，因而始终得到人民群众的拥护和支持。坚持人民至上，是践行全心全意为人民服务根本宗旨的必然要求。党的十八大以来，习近平总书记一再要求坚持人民至上，强调“必须坚持人民至上、紧紧依靠人民、不断造福人民、牢牢植根人民”，强调“要始终把人民立场作为根本政治立场，把人民利益摆在至高无上的地位，不断把为人民造福事业推向前进”。我们要深入学习领会习近平总书记的重要论述，始终坚持人民至上，坚持以人民为中心的发展思想。

坚持人民至上，把人民放在心中最高位置，就要站在人民立场思考问题，以人民群众利益为重、以人民群众期盼为念，真诚倾听群众呼声，真实反映群众愿望，真情关心群众疾苦，把人民拥护不拥护、赞成不赞成、高兴不高兴、答应不答应作为衡量一切工作得失的根本标准。党制定的路线方针政策及其在实践中的成效如何，最终都要看人民是否真正得到了实惠，人民生活是否真正得到了改善，人民权益是否真正得到了保障。人民是我们党的工作的最高裁决者和最终评判者。

坚持人民至上，把人民放在心中最高位置，必须落实到行动上。面对突如其来的新冠疫情，以习近平同志为核心的党中央果断决策、沉着应对，开展抗击疫情人民战争、总体战、阻击战，始终把人民生命安全和身体健康放在第一位，不遗漏一个感染者，不放弃每一位病患者，最大限度保护了人民生命安全和身体健康，统筹经济发展和疫情防控取得世界上最好的成果。这是对我们党坚持人民至上、生命至上，践行全心全意为人民服务根本宗旨的生动诠释。

坚持人民至上，把人民放在心中最高位置，是因为我们党坚信人民是历史的创造者，是真正的英雄，是决定党和国家前途命运的根本力量。有了人民群众这个力量源泉、这个“铜墙铁壁”，我们党就拥有了愈战愈勇、战胜一切风险挑战的强大底气。面向未来，我们必须坚持人民主体地位，充分调动人民积极性，依靠人民创造历史伟业；必须尊重人民首创精神，放手支持人民群众大胆实践、大胆探索、大胆创新，及时发现、总结和推广人民群众创造的成功经验；必须摆正与人民群众的关系，自觉拜人民为师，“共产党员永远是劳动人民的普通一员”，领导干部“任何时候都不能忘记为了谁、依靠谁、我是谁，真正同人民结合起来”，不断从人民群众中汲取智慧和力量。

贯彻群众路线，始终保持同人民群众的血肉联系

把全心全意为人民服务的根本宗旨真正落到实处，必须贯彻党的群众路线。习近平总书记强调：“群众路线是我们党的生命

线和根本工作路线，是我们党永葆青春活力和战斗力的重要传家宝。”“保持党的先进性和纯洁性、巩固党的执政基础和执政地位靠什么？最重要的就是靠坚持党的群众路线、密切联系群众。”“无论作决策还是抓工作、促落实，都要体现宗旨意识、人民立场，都要贯彻党的群众路线”。

我们党的最大政治优势是密切联系群众，党执政后的最大危险是脱离群众。能否保持党同人民群众的血肉联系，决定党的事业兴衰成败。贯彻党的群众路线，是保持党同人民群众血肉联系的根本途径和重要方法。不论过去、现在和将来，我们都要坚持一切为了群众，一切依靠群众，从群众中来，到群众中去，真正把群众路线贯彻到党治国理政的全部活动之中、植根于全党同志思想之中、落实到每个党员行动上，下最大决心、最大气力解决人民群众不满意的问题，确保我们党永远赢得人民群众的信任和支持，筑牢永远立于不败之地的人民根基。

民心是最大的政治。习近平总书记指出：“得民心者得天下，失民心者失天下，人民拥护和支持是党执政的最牢固根基。”坚持全心全意为人民服务的根本宗旨，贯彻党的群众路线，做得怎么样，最终体现在“人心向背”这个关乎党生死存亡的重大问题上。中国共产党之所以能够在百年历程中带领人民不断取得革命、建设、改革的一个又一个胜利，始终得到人民的拥护和支持，归根结底是因为赢得了民心。一些政党之所以丢失政权、分崩离析，归根结底是因为失去了民心。得民心是我们党由弱到强、长盛不衰、克敌制胜的法宝。党的十八大以来，以习近平同志为核心的党中央持之以恒正风肃纪，一体推进不敢腐、不能腐、不想腐，反腐败斗争取得压倒性胜利并全面巩固，使我们党进一步赢得了人民的信赖，党心民心更加凝聚，党同人民群众的血肉联系更加紧密，党的执政根基更加坚实。

永远把人民对美好生活的向往作为奋斗目标

习近平总书记强调：“检验我们一切工作的成效，最终都要看人民是否真正得到了实惠，人民生活是否真正得到了改善，人民权益是否真正得到了保障”“永远把人民对美好生活的向往作为奋斗目标”。

以习近平同志为核心的党中央坚持以人民为中心的发展思想，抓住人民最关心最直接最现实的利益问题，在收入分配、就业、教育、社会保障、医疗卫生、住房保障等方面推出一系列重大举措，一件事情接着一件事情办，一年接着一年干，推动幼有所育、学有所教、劳有所得、病有所医、老有所养、住有所居、弱有所扶不断取得新成效，人民群众的获得感、幸福感、安全感更加充实、更有保障、更可持续。我们如期全面建成小康社会，实现了中国人民梦寐以求的千年期盼，为全面建设社会主义现代化国家奠定了坚实基础。

习近平总书记强调：“追求美好生活，是永恒的主题，是永远的进行时。”中国特色社会主义进入新时代，我国社会主要矛盾已经转化为人民日益增长的美好生活需要和不平衡不充分的发展之间的矛盾。新时代新征程，我们要立足新发展阶段、贯彻新发展理念、构建新发展格局，着力提升发展质量和效益，在更高水平上增进人民福祉，更好满足人民多方面日益增长的需要，更好促进人的全面发展。我们要把促进全体人民共同富裕摆在更加重要的位置，向着这个目标更加积极有为地努力，一步一个脚印推动全体人民共同富裕取得更为明显的实质性进展。

前进道路上，全党要始终牢记全心全意为人民服务的根本宗旨，坚持一切为了人民，一切依靠人民，时刻与人民想在一起、干在一起，始终赢得人民的拥护和支持，聚合起14亿多中国人民的磅礴之力，众志成城推进中华民族伟大复兴历史进程，奋力谱写全面建设社会主义现代化国家崭新篇章。

《人民日报》（2022年08月10日13版）

拓展阅读

如何始终不忘初心、牢记使命
——深刻认识和着力破解大党必须解决的独有难题

胡艳华

在二十届中央纪委二次全会上，习近平总书记用“六个如何始终”深入阐述“大党必须解决的独有难题”，告诫全党要时刻保持解决大党独有难题的清醒和坚定。其中，第一个就是“如何始终不忘初心、牢记使命”。从在庆祝中国共产党成立95周年大会上向全党郑重发出“不忘初心、继续前进”的伟大号召，到在党的十九大主题中强调“不忘初心，牢记使命”，从党的十九届四中全会提出“建立不忘初心、牢记使命的制度”，到党的二十大报告郑重提出“务必不忘初心、牢记使命”，以习近平同志为核心的党中央反复强调“不忘初心、牢记使命”，凸显了我们党对践行初心的笃定、对担当使命的自觉。

习近平总书记指出：“党的初心和使命是党的性质宗旨、理想信念、奋斗目标的集中体现”。中国共产党的百年奋斗史，就是一部践行初心使命的历史。革命时期的浴血奋战、百折不挠，社会主义革命和建设时期的自力更生、发愤图强，改革开放和社会主义现代化建设新时期的解放思想、锐意进取，中国特色社会主义新时代的自信自强、守正创新，都彰显着我们党为中国人民谋幸福、为中华民族谋复兴的初心和使命。当今世界正经历百年未有之大变局，我国正处于实现中华民族伟大复兴关键时期。我们既面临着战略机遇，也面临着更加错综复杂的风险挑战。如何始终不忘初心、牢记使命，是需要我们认真思考解答的重大课题。

政治上的坚定源于理论上的清醒。始终不忘初心、牢记使命，需要深入把握初心和使命的内蕴，夯实践行初心和使命的思想基础，这就必须坚持以党的创新理论滋养初心、引领使命。作为当代中国马克思主义、二十一世纪马克思主义，习近平新时代中国特色社会主义思想贯穿着对中国共产党人政治品格、价值追求、精神境界、作风操守的要求，具有强大真理力量和实践伟力，是我们认识世界和改造世界的强大思想武器。广大党员干部要把握好习近平新时代中国特色社会主义思想的世界观和方法论，坚持好、运用好贯穿其中的立场观点方法，坚持不懈用以凝心铸魂，坚持学以致用、学用相长，切实提高用党的创新理论观察新形势、研究新情况、解决新问题的能力水平，更好把科学理论转化为始终不忘初心、牢记使命的强大力量。

制度带有全局性、稳定性，能够管根本、管长远。始终不忘初心、牢记使命，必须坚持思想建党和制度治党相统一，用制度刚性保障全党不忘初心、牢记使命。党的十九届四中全会提出建立不忘初心、牢记使命的制度，要求“把不忘初心、牢记使命作为加强党的建设的永恒课题和全体党员、干部的终身课题，形成长效机制”。

习近平总书记在党的二十大报告中强调：“健全全面从严治党体系”“完善党的自我革命制度规范体系”。建立不忘初心、牢记使命的制度，完善党的自我革命制度规范体系，是战略之举，更是长远之计，旨在为持续推动全党不忘初心、牢记使命提供制度保障。

习近平总书记指出：“我们的目标很宏伟，但也很朴素，归根结底就是让全体中国人都过上更好的日子。”不忘初心、牢记使命，关键看行动。广大党员干部要牢记党的根本宗旨，永远保持对人民的赤子之心，始终保持同人民群众的血肉联系。为此，要深入贯彻党的群众路线，把实现好、维护好、发展好最广大人民根本利益作为一切工作的出发点和落脚点，切实解决群众急难愁盼问题，努力让人民群众的获得感、幸福感、安全感更加充实、更有保障、更可持续，在团结带领人民群众创造更加美好生活中彰显中国共产党人的初心和使命。

《人民日报》（2023 年 02 月 21 日 09 版）

不断实现人民对美好生活的向往

詹成付

习近平总书记在党的二十大报告中指出：“为民造福是立党为

公、执政为民的本质要求。必须坚持在发展中保障和改善民生，鼓励共同奋斗创造美好生活，不断实现人民对美好生活的向往。”党的二十大报告作出的一系列重要谋划和部署，充分彰显了我们党坚定的人民立场和在新征程上不断把人民对美好生活的向往变为现实的坚强决心，对于激励全党全军全国各族人民为全面建设社会主义现代化国家、全面推进中华民族伟大复兴而团结奋斗具有重要指导意义。

深刻把握不断实现人民对美好生活向往的重大意义

我们党从成立之日起，就把为中国人民谋幸福、为中华民族谋复兴作为初心使命，团结带领中国人民为创造美好生活进行了长期奋斗。不断实现人民对美好生活的向往，集中体现了我们党的初心使命，深刻揭示了我们党长盛不衰的奥秘，也是大力弘扬伟大建党精神的必然要求。

集中体现了我们党的初心使命。习近平总书记指出：“江山就是人民，人民就是江山。中国共产党领导人民打江山、守江山，守的是人民的心。”我们党的百年奋斗史就是为人民谋幸福的历史，就是践行党的初心使命的历史。党领导人民打土豪、分田地，是为人民根本利益而斗争；领导人民开展抗日战争、赶走日本侵略者，是为人民根本利益而斗争；领导人民推翻三座大山、建立新中国，是为人民根本利益而斗争；领导人民开展社会主义革命和建设、改变一穷二白的国家面貌，是为人民根本利益而斗争；领导人民实行改革开放、推进社会主义现代化、实现中华民族伟大复兴，同样是为人民根本利益而斗争。完成脱贫攻坚、全面建成小康社会的历史任务，实现第一个百年奋斗目标，是彪炳中华民族发展史册的历史性胜利。在向第二个百年奋斗目标迈进的新征程上，要继续在让老百姓过上更加美好生活的奋斗中践行初心使命。

深刻揭示了我们党长盛不衰的奥秘。马克思、恩格斯在《共产党宣言》中指出：“过去的一切运动都是少数人的，或者为少数人谋利益的运动。无产阶级的运动是绝大多数人的，为绝大多数人谋利益的独立的运动。”作为马克思主义政党，我们党的章程开宗明义：中国共产党是中国工人阶级的先锋队，同时是中国人民和中华民族的先锋队。我们党没有自己特殊的利益，在任何时候都把群众利益放在第一位。为人民而生，因人民而兴，始终同人民在一起，为人民利益而奋斗，是我们党立党兴党强党的根本出发点和落脚点。不断实现人民对美好生活的向往，赢得人民信任，得到人民支持，党就能克服任何困难，无往而不胜。

大力弘扬伟大建党精神的必然要求。坚持真理、坚守理想，践行初心、担当使命，不怕牺牲、英勇斗争，对党忠诚、不负人民的伟大建党精神，是中国共产党的精神之源。一百多年来，为了争取民族独立、人民解放和实现国家富强、人民幸福，我们党弘扬伟大建党精神，团结带领人民创造了新民主主义革命的伟大成就，创造了社会主义革命和建设的伟大成就，创造了改革开放和社会主义现代化建设的伟大成就，创造了新时代中国特色社会主义的伟大成就，书写了中华民族几千年历史上最恢宏的史诗，中华民族伟大复兴展现出前所未有的光明前景。在新征程上不断实现人民对美好生活的向往，面临的风险和考验一点也不会比过去少。实现国家富强、民族复兴、人民幸福的中国梦，必须继续弘扬伟大建党精神，以咬定青山不放松的执着奋力实现既定目标。

中国人民获得感、幸福感、安全感更加充实、更有保障、更可持续

党的十八大以来，中国特色社会主义进入新时代，在以习近平同志为核心的党中央坚强领导下，党和国家事业取得历史性成就、发生历史性变革，我国发展站到了新的历史起点上，人民群众对美好生活的向往不断变为现实，获得感、幸福感、安全感更加充实、更有保障、更可持续。

经济更加发展。我国经济实力实现历史性跃升。国内生产总值由 2012 年的 53.9 万亿元增长到 2021 年的 114.4 万亿元；2013—2021 年，国内生产总值年均增长 6.6%，高于同期世界 2.6% 和发展中经济体 3.7% 的平均增长水平，世界第二大经济体地位得到巩固提升。载人航天、探月探火、深海深地探测、超级计算机、卫星导航、量子信息、核电技术、新能源技术、大飞机制造、生物医药等取得重大成果，我国进入创新型国家行列。建成世界上最大的高速铁路网、高速公路网，群众出行、货物运输更加安全快捷。面对突如其来的新冠疫情，统筹疫情防控和经济社会发展取得重大积极成果。当前，虽然百年变局与世纪疫情交织叠加，国内改革发展稳定任务艰巨繁重，但我国经济韧性强、潜力足、回旋余地广，长期向

好的基本面不会改变，完全有条件有能力稳定宏观经济大盘，保持经济运行在合理区间。

民主更加健全。我们党深化对民主政治发展规律的认识，提出全过程人民民主的重大理念。我国全过程人民民主不仅有完整的制度程序，而且有完整的参与实践，实现了过程民主和成果民主、程序民主和实质民主、直接民主和间接民主、人民民主和国家意志相统一，是最广泛、最真实、最管用的社会主义民主。我国实行工人阶级领导的、以工农联盟为基础的人民民主专政的国体，实行人民代表大会制度的政体，实行中国共产党领导的多党合作和政治协商制度、民族区域自治制度、基层群众自治制度等基本政治制度，巩固和发展最广泛的爱国统一战线，形成了全面、广泛、有机衔接的人民当家作主制度体系。全体人民依法实行民主选举、民主协商、民主决策、民主管理、民主监督，依法通过各种途径和形式管理国家事务，管理经济和文化事业，管理社会事务，当家作主的权利进一步落到实处。

文化更加繁荣。我国文化建设为新时代坚持和发展中国特色社会主义、开创党和国家事业全新局面提供了强大正能量。党的理论创新全面推进，习近平新时代中国特色社会主义思想深刻改变中国、影响世界。党对宣传思想文化工作的领导全面加强，凝聚起全面建成小康社会、实现中华民族伟大复兴的磅礴力量。社会主义核心价值观和中华优秀传统文化广泛弘扬，主流舆论不断巩固壮大，网络空间日益清朗，全国各族人民精神面貌更加奋发昂扬。文艺创作持续繁荣，公共文化服务水平不断提高，文化事业和文化产业繁荣发展，为人民提供了更多更好的精神食粮。

社会更加和谐。我国 832 个贫困县全部摘帽，近 1 亿农村贫困人口实现脱贫，960 多万贫困人口实现易地搬迁，历史性地解决了绝对贫困问题。城镇新增就业年均超过 1300 万人，居民人均可支配收入超过 3.5 万元，中等收入群体规模超过 4 亿人。养老、托幼、助残等福利事业平稳发展，建成世界上规模最大的教育体系、社会保障体系、医疗卫生体系，高等教育进入世界公认的普及化阶段，人均预期寿命达到 78.2 岁。社会保持长期稳定，成为世界公认最有安全感的国家之一。面对疫情冲击，我们党坚持人民至上、生命至上，最大限度保护了人民生命安全和身体健康。

生态更加优美。我们党坚持绿水青山就是金山银山理念，全面加强生态文明建设，系统谋划生态文明体制改革，坚持山水林田湖草沙一体化保护和系统治理，全方位、全地域、全过程加强生态环境保护，生态环境保护发生历史性、转折性、全局性变化。2021 年，全国 339 个地级及以上城市平均空气质量优良天数比例为 87.5%，受污染耕地安全利用率稳定在 90% 以上，地表水水质优良（Ⅰ—Ⅲ类）断面比例为 84.9%，绿水青山的“含金量”越来越高，人民群众感受到了经济发展带来的实实在在的环境效益。

共同奋斗创造更加美好的生活

习近平总书记指出：“全面建设社会主义现代化国家，必须充分发挥亿万人民的创造伟力。”我们要始终坚持以人民为中心的发展思想，牢牢坚持习近平总书记在党的二十大报告中提出的“五个必由之路”的规律性认识，坚持在发展中保障和改善民生，统筹做好就业、收入分配、教育、社保、医疗、住房、养老、扶幼等各方面工作，在物质文明、政治文明、精神文明、社会文明、生态文明协调发展中全方位提升人民生活品质。

坚持党的全面领导。坚持党的全面领导是坚持和发展中国特色社会主义的必由之路。我们要坚定不移坚持党的全面领导，坚决维护党中央权威和集中统一领导，把党的领导落实到党和国家事业各领域各方面各环节，使党始终成为中国人民最可靠、最坚强的主心骨。

坚持中国特色社会主义。中国特色社会主义是实现中华民族伟大复兴的必由之路。我们要始终不渝走中国特色社会主义道路，坚持把国家和民族发展放在自己力量的基点上、把中国发展进步的命运牢牢掌握在自己手中，不断实现人民对美好生活的向往，不断推进全体人民共同富裕。

坚持团结奋斗。团结奋斗是中国人民创造历史伟业的必由之路。我们要在党的领导下团结一心、众志成城，敢于斗争、善于斗争，全力战胜前进道路上各种困难和挑战，依靠顽强斗争打开事业发展新天地。

完整、准确、全面贯彻新发展理念。贯彻新发展理念是新时代我国发展壮大的必由之路。我们要完整、准确、全面贯彻新发展理念，加快构建新发展格局，着力推动高质量发展，加快实现科技自立自强，不断提高我国发展的竞争力和持续力，在日趋激烈的国际竞争中把握主动、赢得未来。

坚持全面从严治党。全面从严治党是党永葆生机活力、走好新的赶考之路的必由之路。我们要大力弘扬伟大建党精神，不忘初心使命，勇于自我革命，不断清除一切损害党的先进性和纯洁性的有害因素，不断清除一切侵蚀党的健康肌体的病原体，确保党不变质、不变色、不变味，始终与人民风雨同舟、与人民心心相印，想人民之所想，行人民之所嘱，不断把人民对美好生活的向往变为现实。

《人民日报》（2022 年 11 月 03 日 09 版）

永远保持对人民的赤子之心

欧阳淞

走过百年光辉历程的中国共产党，以坚定自信的精神面貌和风雨无阻的奋斗姿态迎来了自己的第 101 个生日。过去 100 多年，党向人民、向历史交出了一份优异的答卷。现在，党团结带领中国人民又踏上了实现第二个百年奋斗目标的新征程。新的赶考之路上，我们要始终牢记“中国共产党是什么、要干什么”这个根本问题，始终牢记习近平总书记关于中国共产党人“永远保持对人民的赤子之心”的重要指示要求，坚持为人民执政、靠人民执政，坚持发展为了人民、发展依靠人民、发展成果由人民共享，坚定不移走全体人民共同富裕道路，团结带领人民夺取中国特色社会主义新的更大胜利。

江山就是人民、人民就是江山

在庆祝中国共产党成立100周年大会上，习近平总书记强调：“江山就是人民、人民就是江山”。这道出了一代又一代中国共产党人的共同心声，是党在自己的百年庆典上向人民的崇高致敬，不仅有着感动人心的巨大力量，而且有着指引前路的深刻含义。

习近平总书记指出：“一个政党，一个政权，其前途和命运最终取决于人心向背。”“江山就是人民、人民就是江山”，这一重要论断彰显了人民至上的理念，有着深刻的理论根据、深厚的文化背景、深邃的历史渊源。从马克思主义唯物史观看，人民是推动历史前进的真正动力，依靠人民是推动历史前进的人间正道；从中华优秀传统文化看，“国以民为本，社稷亦为民而立”“民为邦本，未有本摇而枝叶不动者”等理念由来已久；从党的历史看，让人民过上幸福生活，是我们党的执着追求和制胜密码。

中国共产党从人民中走来，依靠人民发展壮大，有着深厚的人民情怀。中国共产党团结带领中国人民进行的一切奋斗、一切牺牲、一切创造，归结起来就是一个主题：实现中华民族伟大复兴。在新民主主义革命时期，党团结带领人民浴血奋战、百折不挠，为的是推翻帝国主义、封建主义、官僚资本主义三座大山，使中国人民站起来；在社会主义革命和建设时期，党团结带领人民自力更生、发愤图强，为的是改变国家一穷二白面貌，使中华民族自立于世界民族之林；在改革开放和社会主义现代化建设新时期，党团结带领人民解放思想、锐意进取，为的是让中国人民富起来，让中国大踏步赶上时代；中国特色社会主义进入新时代，党团结带领人民自信自强、守正创新，为的是推动中华民族实现从站起来、富起来到强起来的伟大飞跃。“一切为了人民”是中国共产党人百年奋斗的出发点和落脚点，是党的百年历史的鲜明底色。

构成党的百年历史鲜明底色的还有“一切依靠人民”。习近平总书记指出：“大革命失败后，30 多万牺牲的革命者中大部分是跟随我们党闹革命的人民群众；红军时期，人民群众就是党和人民军队的铜墙铁壁；抗日战争时期，我们党广泛发动群众，使日本侵略者陷入了人民战争的汪洋大海；淮海战役胜利是靠老百姓用小车推出来的，渡江战役胜利是靠老百姓用小船划出来的；社会主义革命和建设的成就是人民群众干出来的；改革开放的历史伟剧是亿万人民群众主演的。”基于这些史实，基于对“任何一项伟大事业要成功，都必须从人民中找到根基，从人民中集聚力量，由人民共同来完成”的认识，我们更加深刻地体会到：党来自人民，党的根基和血脉在人民。

“江山就是人民、人民就是江山”，这一重要论断说明，中国共产党有了人民的支持，没有取得政权时能够夺取政权，取得政权后能够巩固政权。这就深刻揭示了共产党执政规律，进而深刻回答了“建设什么样的长期执政的马克思主义政党、怎样建设长期执政的马克思主义政党”这一重大时代课题，成为习近平新时代中国特色社会主义思想的重要内容，为丰富和发展马克思主义作出了重大贡献。

打江山、守江山，守的是人民的心

“江山就是人民、人民就是江山”，这一重要论断精辟阐明了人民政权和人民群众的关系。关于这种关系的实质，习近平总书记指出：中国共产党“打江山、守江山，守的是人民的心”。

这里所说的“人民的心”，可以理解为人民群众的向往、期盼、追求、真情实感。中国老百姓过上美好生活的心愿是纯朴的，如耕者有其田、安居乐业等；是崇高的，如争取民族独立、人民解放，实现国家富强、人民幸福等；是具体的，如期盼有更好的教育、更稳定的工作、更满意的收入、更可靠的社会保障、更高水平的医疗卫生服务、更舒适的居住条件、更优美的环境，期盼孩子们能成长得更好、工作得更好、生活得更好等；是可以感知的，如获得感、幸福感、安全感以及由此升华的依赖感、归属感等。而中国共产党人的心，就是“以百姓心为心”“人民对美好生活的向往，就是我们的奋斗目标”。只要我们始终同人民生死相依、休戚与共，人民就会铁心跟党走，党就能长盛不衰。可见，人民群众能拿出真心、铁心，是因为共产党人始终坚守初心、恒心。共产党人只要着力践行以人民为中心的发展思想，党和人民的关系就会形成良性互动，就一定能守住人民的心。

把人民放在心中最高位置。理论上的清醒是政治上坚定的根本前提。马克思认为："历史活动是群众的活动"，共产党人"没有任何同整个无产阶级的利益不同的利益"；列宁强调："在人民群众中，我们毕竟是沧海一粟，只有我们正确地表达人民的想法，我们才能管理。否则共产党就不能率领无产阶级，而无产阶级就不能率领群众，整个机器就要散架"；毛泽东同志指出："依靠民众则一切困难能够克服，任何强敌能够战胜，离开民众则将一事无成。"习近平总书记指出："坚持不忘初心、继续前进，就要坚信党的根基在人民、党的力量在人民，坚持一切为了人民、一切依靠人民，充分发挥广大人民群众积极性、主动性、创造性，不断把为人民造福事业推向前进。"我们只有真正明白了这些道理，才能站稳人民至上的根本立场，始终把人民放在心中最高位置。

实现好、维护好、发展好最广大人民根本利益。人民的根本利益是事关人民幸福、国家富强，事关人民群众生存和发展的整体利益、长远利益。当前，我们朝着实现中华民族伟大复兴的宏伟目标继续前进，就是为人民谋利益、让人民过上好日子。习近平总书记指出："中国梦是中华民族的梦，也是每个中国人的梦""国家好，民族好，大家才会好"。正是因为这个梦想凝聚了几代中国人的夙愿，体现了中华民族和中国人民的整体利益，所以它不仅是每一位中华儿女的共同期盼，也是我们党守住人民的心的关键所在。

着力解决好老百姓急难愁盼的问题。习近平总书记指出："我们讲宗旨，讲了很多话，但说到底还是为人民服务这句话。""大国之大，也有大国之重。千头万绪的事，说到底是千家万户的事”“民之所忧，我必念之；民之所盼，我必行之。”我们要深入贯彻落实这些重要指示要求，坚持工作重心下移，深入实际、深入基层、深入群众，准确把握人民群众关心的问题，时刻关注“食品安不安全、暖气热不热、雾霾能不能少一点、河湖能不能清一点、垃圾焚烧能不能不有损健康、养老服务顺不顺心、能不能租得起或买得起住房，等等”。真正做到“利民之事，丝发必兴；厉民之事，毫末必去”，从最困难的群体入手，从最突出的问题着眼，从最具体的工作抓起，通堵点、疏痛点、消盲点，一件一件抓落实，一年接着一年干，用心用情用力解决群众的操心事烦心事揪心事，让群众有更多更直接更实在的获得感、幸福感、安全感。

坚决同一切弱化党的先进性和纯洁性、侵蚀党的健康肌体的行为作斗争。习近平总书记强调：“大家心中要始终装着老百姓，先天下之忧而忧，后天下之乐而乐，做到不谋私利、克己奉公。对个人的名誉、地位、利益，要想得透、看得淡。要着力解决好人民最关心最直接最现实的利益问题，特别是要下大气力解决好人民不满意的问题，多做雪中送炭的事情。”习近平总书记不仅深刻阐明了无私才能为民的道理，还要求“人民群众反对什么、痛恨什么，我们就要坚决防范和打击”“人民群众最痛恨腐败现象，我们就必须坚定不移反对腐败”。在中央政治局会议审议《十八届中央政治局关于改进工作作风、密切联系群众的八项规定》时，习近平总书记指出：“我们不舒服一点、不自在一点，老百姓的舒适度就好一点、满意度就高一点，对我们的感觉就好一点。”在十八届中央纪委第五次全会上，习近平总书记强调："不得罪成百上千的腐败分子，就要得罪十三亿人民。这是一笔再明白不过的政治账、人心向背的账！"这些都是"我将无我，不负人民"思想在反腐倡廉领域的鲜明体现，是"守的是人民的心"的生动写照。

对人民爱得真挚，爱得持久。回答好我们党"从哪里来，要到哪里去"这一基本问题，牢记我们党来自人民，为人民而生，因人民而兴，必须始终与人民心心相印，与人民同甘共苦，与人民团结奋斗。要爱得真挚而持久，就要"永远铭记人民是共产党人的衣食父母，共产党人是人民的勤务员，永远不能脱离群众、轻视群众、漠视群众疾苦"。只要我们不断增强人民群众获得感、幸福感、安全感，人民群众就会更暖心、更开心、更安心；只要我们坚持以伟大自我革命引领伟大社会革命，人民群众就会更放心、更舒心、更齐心。

牢记初心使命，永远与人民同呼吸、共命运、心连心

不忘初心，方得始终。习近平总书记指出："中国共产党人的初心和使命，就是为中国人民谋幸福，为中华民族谋复兴。这个初心和使命是激励中国共产党人不断前进的根本动力。全党同志一定要永远与人民同呼吸、共命运、心连心"。新时代的中国共产党人贯彻落实习近平总书记的重要讲话、重要指示精神，勇立时代潮头，弘扬党的光荣传统，以最广大人民根本利益为一切工作的根本出发点和落脚点，坚持把人民拥护不拥护、赞成不赞成、高兴不高

兴、答应不答应作为衡量一切工作得失的根本标准，顺应民心、尊重民意、关注民情、致力民生，谱写了一曲曲感天动地的以爱民为民惠民为主旋律的时代之歌，创造了新时代中国特色社会主义的伟大成就。

党的十八大以来，以习近平同志为核心的党中央，以伟大的历史主动精神、巨大的政治勇气、强烈的责任担当，解决了许多长期想解决而没有解决的难题，办成了许多过去想办而没有办成的大事，推动党和国家事业取得历史性成就，发生历史性变革。10 年来，我国国民经济量增质升，国内生产总值超过 114 万亿元，比 10 年前翻了一番还多，人均国内生产总值超过 1.2 万美元，“三次产业”“三驾马车”比重持续优化，新时代中国经济在风高浪急的国际环境下取得了令世界刮目相看的成绩。在我国综合国力大幅跃升的基础上，人民群众生活不断改善。2012 年到 2021 年，全国居民人均可支配收入从 16510 元增至 35128 元，年均增速超过经济增速。2021 年，全国居民恩格尔系数为 29.8%，达到联合国划定的富足标准。我国消除了绝对贫困，全面建成小康社会。中等收入群体规模达到 4 亿人，共同富裕迈出重要步伐，全过程人民民主行稳致远。在抗击新冠疫情斗争中，我们坚持人民至上、生命至上，疫情防控取得重大战略成果。中国人民在中国共产党坚强领导下，正在意气风发向着全面建成社会主义现代化强国的第二个百年奋斗目标迈进。

今天，我们比历史上任何时期都更接近、更有信心和能力实现中华民族伟大复兴的目标。同时也应看到，中华民族伟大复兴绝不是轻轻松松、敲锣打鼓就能实现的。我国仍处于并将长期处于社会主义初级阶段，我国仍然是世界最大的发展中国家，前进道路上仍然存在可以预料和难以预料的各种风险挑战。习近平总书记强调："面对浩浩荡荡的时代潮流，面对人民群众过上更好生活的殷切期待，我们不能有丝毫自满，不能有丝毫懈怠，必须再接再厉、一往无前""在任何时候任何情况下，与人民同呼吸共命运的立场不能变，全心全意为人民服务的宗旨不能忘，群众是真正英雄的历史唯物主义观点不能丢，始终坚持立党为公、执政为民。"我们要牢记习近平总书记对全党的重要要求，更加紧密地团结在以习近平同志为核心的党中央周围，永远保持对人民的赤子之心，把暖人心、聚民心、筑同心的工作做得更细更实更好，汇集和激发14亿多人民的磅礴力量，为实现第二个百年奋斗目标、实现中华民族伟大复兴的中国梦而不懈奋斗。

《人民日报》（2022年07月01日11版）

第二编

新发展理念就是指挥棒、红绿灯

“新发展理念就是指挥棒、红绿灯”

完整、准确、全面贯彻新发展理念，努力创造经得起实践、人民、历史检验的实绩

以五大发展理念的内在统一来推动发展

——牢牢把握高质量发展这个首要任务

王影迪

高质量发展是全面建设社会主义现代化国家的首要任务，是体现新发展理念的发展。习近平总书记在参加十四届全国人大一次会议江苏代表团审议时强调："始终以创新、协调、绿色、开放、共享的内在统一来把握发展、衡量发展、推动发展"。这为我们从整体上、从内在联系中把握新发展理念，完整、准确、全面贯彻新发展理念提供了根本遵循。

新发展理念是一个系统的理论体系，五大方面既有各自内涵，更是一个整体。其中，创新是引领发展的第一动力，协调是持续健康发展的内在要求，绿色是永续发展的必要条件，开放是国家繁荣发展的必由之路，共享是中国特色社会主义的本质要求。五个方面紧密联系、相互支撑，只有充分理解和把握创新、协调、绿色、开放、共享的内在统一，才能找准推动高质量发展的正确方向。

五大发展理念内在统一于以人民为中心的发展思想。发展的目的在于造福人民。为人民谋幸福、为民族谋复兴，这既是我们党领导现代化建设的出发点和落脚点，也是新发展理念的“根”和“魂”。贯彻新发展理念，最大的受益者是人民，最大的动力来自人民。如果不发展或者发展不好，人民就不满意、不答应。高质量发展是能够很好满足人民日益增长的美好生活需要的发展。只有坚持以人民为中心的发展思想，坚持不懈推动创新发展、协调发展、绿色发展、开放发展、共享发展，才能真正使发展成果惠及最广大人民，实现高质量发展的根本目的。

五大发展理念内在统一于解决发展不平衡不充分问题。我国已成为世界第二大经济体，但我国仍然是世界上最大发展中国家，发展不平衡不充分问题突出。新发展理念具有鲜明的问题导向，是针对我国发展中的突出矛盾和问题提出来的。创新、协调、绿色、开放、共享五个方面分别针对的是发展动力问题、发展不平衡问题、人与自然和谐问题、发展内外联动问题、社会公平正义问题。立足新发展阶段的新要求，坚持问题导向，更加精准地贯彻新发展理念，采取更加精准务实的举措，才能切实解决好发展不平衡不充分问题，推动高质量发展。

五大发展理念内在统一于积极应对风险挑战。当前，世界之变、时代之变、历史之变正以前所未有的方式展开，我国改革发展稳定面临不少深层次矛盾躲不开、绕不过，发展进入战略机遇和风险挑战并存、不确定难预料因素增多的时期。积极应对外部环境变化带来的冲击挑战，关键在于办好自己的事，提高发展质量，提高国际竞争力，增强国家综合实力和抵御风险能力。只有实现创新成为第一动力、协调成为内生特点、绿色成为普遍形态、开放成为必由之路、共享成为根本目的的高质量发展，推动经济发展质量变革、效率变革、动力变革，才能不断增强发展的安全性和主动权。

完整把握、准确理解、全面落实新发展理念，必须坚持系统的观点，加强对各领域发展的前瞻性思考、全局性谋划、战略性布局、整体性推进，使发展的各方面相互促进；树立全面的观点，依照新发展理念的整体性和关联性进行系统设计，做到相互促进、齐头并进，使之协同发力、形成合力，不畸轻畸重，不以偏概全；坚持“两点论”和“重点论”的统一，善于厘清主要矛盾和次要矛盾、矛盾的主要方面和次要方面，区分轻重缓急，以重点突破带动整体推进，在整体推进中实现重点突破。始终以创新、协调、绿色、开放、共享的内在统一来把握发展、衡量发展、推动发展，就一定能够推动高质量发展取得新进展。

《人民日报》（2023 年 05 月 16 日 09 版）

国运所在 国力所依 国情所需

深刻认识新时代创新的重大意义

吴翌琳

实施创新驱动发展战略，是以习近平同志为核心的党中央综合分析国内外大势、立足国家发展全局作出的重大战略抉择。党的二十大报告提出："坚持创新在我国现代化建设全局中的核心地位。"未来5年是全面建设社会主义现代化国家开局起步的关键时期，搞好这5年的发展对于实现第二个百年奋斗目标至关重要。我们要更加深刻认识新时代创新的重大意义，把创新的核心地位贯穿到现代化建设的各个方面各个环节，为全面建成社会主义现代化强国、实现第二个百年奋斗目标增添强劲动力。

创新是国运所在。创新强则国运昌，创新弱则国运殆。恩格斯这样评价马克思："他首先把科学看成是历史的有力杠杆，看成是最高意义上的革命力量。”历史上，中国古代科学技术曾长期领先世界，但近代屡次与世界重大科技革命和产业变革失之交臂，陷入科技弱国力弱的困境。我们党诞生于国家积贫积弱、民族生死存亡之时，对科技创新的重要性有着深刻认识。从新中国成立初期提出“四个现代化”，到改革开放和社会主义现代化建设新时期提出全面建设小康社会，再到新时代提出全面建成社会主义现代化强国，我们党始终高度重视发挥科技创新在实现宏伟奋斗目标中的重要作用。新时代新征程，实现第二个百年奋斗目标，实现中华民族伟大复兴的中国梦，必须切实用好科学技术这个革命性力量和杠杆，推动我国科技事业加快发展，集中力量推进科技创新，真正把创新驱动发展战略落到实处。

创新是国力所依。科技发展水平深刻反映一个国家的综合国力和核心竞争力。当前，现代科学技术加速发展、广泛渗透，引发国际产业分工的重大调整，正在深刻重塑世界竞争格局、改变国家力量对比，成为大国竞争的“主战场”和国际博弈的“胜负手”。可以说，谁牵住了科技创新这个“牛鼻子”，谁走好了科技创新这步“先手棋”，谁就能占据先机、赢得优势。习近平总书记深刻指出：“历史经验表明，那些抓住科技革命机遇走向现代化的国家，都是科学基础雄厚的国家；那些抓住科技革命机遇成为世界强国的国家，都是在重要科技领域处于领先行列的国家。”当前，我国科技发展正处在将强未强、不进则退的关键阶段，我们要充分认识实现高水平科技自立自强对增强我国发展竞争力和持续力的决定性意义，加快实现高水平科技自立自强，把发展的主动权牢牢掌握在自己手中。

创新是国情所需。习近平总书记指出："发展是党执政兴国的第一要务""创新是引领发展的第一动力"。我国是一个发展中大国，仍处于社会主义初级阶段，面临新的战略机遇、战略任务、战略阶段、战略要求、战略环境，需要应对的风险和挑战、需要解决的矛盾和问题比以往更加错综复杂。科技创新不仅仅是发展问题，更是生存问题。抓创新就是抓发展，谋创新就是谋未来。贯彻新发展理念、构建新发展格局、推动高质量发展，必须坚持科技是第一生产力、人才是第一资源、创新是第一动力，深入实施科教兴国战略、人才强国战略、创新驱动发展战略，不断开辟发展新领域新赛道，不断塑造发展新动能新优势。坚持教育优先发展、科技自立自强、人才引领驱动，加快建设教育强国、科技强国、人才强国。坚持创新在我国现代化建设全局中的核心地位，完善科技创新体系，加快实施创新驱动发展战略，加快实现高水平科技自立自强。

《人民日报》（2023 年 06 月 28 日 09 版）

让绿色成为高质量发展的鲜明底色

加快发展方式绿色转型

李合亮

党的二十大报告将“城乡人居环境明显改善，美丽中国建设成效显著”列入未来五年的主要目标任务。推进美丽中国建设，必须加快发展方式绿色转型。在推动高质量发展过程中，要牢固树立和践行绿水青山就是金山银山的理念，统筹好经济社会发展和生态环境保护的关系，坚定不移走绿色发展之路，让绿色成为高质量发展的鲜明底色。

高质量发展是全面建设社会主义现代化国家的首要任务。习近平总书记在党的二十大报告中指出：“推动经济社会发展绿色化、低碳化是实现高质量发展的关键环节。”这是基于中国式现代化本质要求以及加快发展方式绿色转型作出的重大判断和战略部署。高质量发展是体现新发展理念的发展，是绿色发展成为普遍形态的发展。我国人口规模巨大，资源能源约束紧、环境容量有限、生态系统脆弱，这些情况构成高质量发展的现实约束。加之我国绿色发展与经济转型是同步进行的，工业化、城镇化正处于向纵深发展的阶段，未来一个时期能源资源需求仍将保持刚性增长，产业结构和能源结构具有明显的高碳特征，实现碳达峰碳中和的任务相当艰巨。推动绿色低碳发展是潮流所向、大势所趋，我国 14 亿多人口整体迈进现代化社会，高耗能、高污染、高排放的发展模式是行不通的，必须加快发展方式绿色转型，构建科技含量高、资源消耗低、环境污染少的产业结构，大幅提高经济绿色化程度，有效降低发展的资源环境代价。

习近平总书记指出："绿色循环低碳发展，是当今时代科技革命和产业变革的方向，是最有前途的发展领域"。党的十八大以来，我们坚持新发展理念，以创新驱动为引领塑造经济发展新动能新优势，以资源环境刚性约束推动产业结构深度调整，以强化区域协作持续优化产业空间布局，加快构建绿色低碳循环发展的经济体系，推动经济发展既保持量的合理增长、又实现质的稳步提升。从我国近年发展态势看，一方面，绿色转型正在深刻改变以要素低成本优势为特征的传统生产方式，推动产业高端化、智能化、绿色化，形成许多新的增长点。例如，人工智能、大数据、区块链、量子通信等新兴技术加快应用，培育形成智能终端、远程医疗、在线教育等新产品、新业态，风电、光伏发电等可再生能源产业发展迅速。另一方面，我国传统产业转型升级需求和绿色消费需求正在催生巨大的绿色市场，各类生产更加注重以优质资源性投入产出更高质量、更具多元价值的产品，在绿色生产方式广泛推行的同时绿色生活方式渐成风尚。截至2021年底，我国累计建成绿色工厂2783家、绿色工业园区223家、绿色供应链管理企业296家。我国新能源汽车保持快速增长，到2022年产销量连续8年保持全球第一。

加快发展方式绿色转型，内在要求遵循自然规律和经济社会发展规律，将生态环境作为生产力发展的内在因素，推动形成节约资源和保护环境的产业结构、生产方式、生活方式、空间格局，力求实现经济社会发展和生态环境保护的协调统一。实现未来五年“城乡人居环境明显改善，美丽中国建设成效显著”的目标任务，必须认真贯彻落实党的二十大报告作出的战略部署，推动经济社会发展绿色化、低碳化，不断开创高质量发展新局面。加快推动产业结构、能源结构、交通运输结构等调整优化。加快传统产业改造升级，推动战略性新兴产业、高技术产业、现代服务业加快发展；立足资源禀赋，调整优化能源结构，推进煤炭等化石能源清洁低碳高效利用；调整交通运输结构，大力发展多式联运，加快充电桩等新型基础设施建设。实施全面节约战略，推进各类资源节约集约利用，推进农业节水增效、工业节水减排、城镇节水降损，加快构建废弃物循环利用体系，推动各种废弃物和垃圾集中处理和资源化利用。完善支持绿色发展的财税、金融、投资、价格政策和标准体系，发展绿色低碳产业，健全资源环境要素市场化配置体系，加快节能降碳先进技术研发和推广应用。倡导绿色消费，鼓励绿色衣着、普及绿色饮食、提倡绿色居住、推广绿色出行、发展绿色旅游等，推动形成绿色低碳的生产方式和生活方式。

《人民日报》（2023年05月26日09版）

统筹兼顾效率与公平

——推进中国式现代化需要处理好的若干重大关系

赵谦

习近平总书记在学习贯彻党的二十大精神研讨班开班式上发表的重要讲话，深刻阐述推进中国式现代化需要处理好的若干重大关系，其中之一是效率与公平的关系。习近平总书记强调："既要创造比资本主义更高的效率，又要更有效地维护社会公平，更好实现效率与公平相兼顾、相促进、相统一。"

一个国家要实现现代化，必须实现经济增长。从社会经济活动来看，效率主要表现为经济增长，公平则更多体现在收入分配上。但是，许多国家没能处理好效率与公平的关系，在经济增长过程中出现贫富两极分化，或者片面强调"公平"，掉入福利主义陷阱，进而带来一系列社会经济问题。

我们党在推进中国式现代化进程中，始终高度重视处理好效率与公平的关系。改革开放 40 多年来，我国经济社会发展取得伟大成就。1979 年至 2020 年，我国国内生产总值年均增长 9.2%。新时代十年，我国经济实力实现历史性跃升。国内生产总值突破 120 万亿元、稳居世界第二位，全球创新指数排名上升到第十一位，货物贸易第一大国地位得到增强，制造业规模、外汇储备稳居世界第一。实践证明，中国式现代化伴随着社会经济效率的提高，充满勃勃生机。同时，全体人民共同富裕是中国式现代化的一个显著特征，体现中国特色社会主义的本质要求。习近平总书记指出："公平正义是我们党追求的一个非常崇高的价值，全心全意为人民服务的宗旨决定了我们必须追求公平正义，保护人民权益、伸张正义。"中国式现代化坚持以人民为中心的发展思想，这与西方一些国家遵循资本逻辑、放任两极分化、物质主义膨胀、对外扩张掠夺的发展模式有着本质区别。我们党坚持把实现人民对美好生活的向往作为现代化建设的出发点和落脚点，着力维护和促进社会公平正义，着力促进全体人民共同富裕。新时代十年，我们打赢脱贫攻坚战，创造彪炳史册的人间奇迹；建成全球最大的社会保障网；改造棚户区住房 4200 多万套、农村危房 2400 多万户，人民生活全方位改善。

公平要建立在效率的基础上，效率也要以公平为前提才能够持续。处理好效率与公平的关系，在做大"蛋糕"的同时分好"蛋糕"，让现代化建设成果更多更公平惠及全体人民，这是我们党带领人民推进中国式现代化的一条重要经验。一方面，必须不断提高经济效率，持续提升经济实力、释放社会活力，为全面建成社会主义现代化强国、为实现人民对美好生活向往奠定坚实物质基础；另一方面，要让每个人都有机会分享改革发展成果、参与到现代化进程中来，统筹兼顾地处理好效率与公平的关系。

以习近平同志为核心的党中央提出并贯彻落实新发展理念，着力推动高质量发展，加快构建新发展格局，实施供给侧结构性改革，制定一系列具有全局性意义的区域重大战略，我国经济实力、科技实力、综合国力不断跃上新台阶。同时，构建初次分配、再分配、第三次分配协调配套的制度体系，推动居民收入增长和经济增长基本同步、劳动报酬提高与劳动生产率提高基本同步，促进基本公共服务均等化，健全社会保障体系，推动全体人民共同富裕取得更为明显的实质性进展。在中国式现代化道路上，我们一定能够实现更高质量、更有效率、更加公平、更可持续、更为安全的发展，不断创造让世界惊叹的更大奇迹。

《人民日报》（2023 年 05 月 09 日 09 版）

促进更高水平开放型经济新体制基本形成

赵晋平

开放是国家繁荣发展的必由之路。习近平总书记指出："中国的发展惠及世界，中国的发展离不开世界。"未来五年是全面建设社会主义现代化国家开局起步的关键时期。党的二十大报告提出了未来五年我国发展的主要目标任务，其中包括"更高水平开放型经济新体制基本形成"。我们要全面贯彻落实党的二十大关于推进高水平对外开放的战略部署，既巩固已有开放成果，又扎实推动制度型开放，加快形成更高水平开放型经济新体制，既用好全球市场和资源发展自己，又推动世界共同发展。

新时代以来，我国实行更加积极主动的开放战略，在外商投资准入、商品和服务市场开放、自贸区战略提升、共建"一带一路"等方面不断推出新举措，形成了更大范围、更宽领域、更深层次对外开放格局。从近年发展看，2022年，我国货物进出口总额达到42万亿元的历史新高，比2017年增长51.3%，年均增速达8.6%，相当于全球平均增速的2倍以上；同期，服务贸易进出口和实际利用外资年均增长分别达到5.3%、7.6%，明显好于全球水平。不断扩大对外开放为我国发展注入澎湃动力，在应对超预期因素冲击、激发市场活力、保持经济社会大局稳定等方面发挥着重要作用。

不断开放的中国为世界经济稳定提供有力支撑。2021年我国对外贸易占全球比重达到13.7%，比2017年提高2.1个百分点；货物贸易额同期年均增长10.5%，对全球增长的贡献率达到1/6。我国扩大进口为其他经济体直接带来出口增长的新机会。2021年我国进口总额达到2.7万亿美元，比2017年净增近9000亿美元，相当于同期全球（不含中国）出口增量的26.7%。我国积极利用外资的政策为其他国家企业扩大对华投资创造了重要机遇。2022年，包括70万家在华外资企业在内的境外投资者，在我国获得的投资收益总额达到4174亿美元，比2017年净增1423亿美元。我国持续扩大开放的举措也对推动全球治理体系改革、多边与区域经贸规则重构产生积极影响。世贸组织总干事伊维拉认为："中国在全球贸易中扮演重要角色，中国的支持和贡献对世贸组织改革发展至关重要。"

习近平总书记指出："中国改革开放政策将长久不变，永远不会自己关上开放的大门。一切愿意与我们合作共赢的国家，我们都愿意与他们相向而行，推动世界经济共同繁荣发展。"对外开放是中国的基本国策，是当代中国的鲜明标识。面向未来，虽然推进高水平对外开放面临的不确定难预料因素显著增多，但我国将坚持对外开放的基本国策，坚定奉行互利共赢的开放战略，稳步扩大规则、规制、管理、标准等制度型开放，推动各国各方共享制度型开放机遇。

未来五年，我国更高水平开放型经济新体制将基本形成。这不仅有利于加快构建新发展格局，不断扩大高水平对外开放，打造稳定、透明、可预期和公平竞争的市场环境，提高我国对资本、人才、信息、资源等生产要素的吸引力，促进中国经济高质量发展，而且有利于继续同世界分享中国发展的机遇，不断扩大理念契合点、利益汇合点，推动建设开放型世界经济，促进全球发展繁荣。

建设更高水平开放型经济新体制，实施更大范围、更宽领域、更深层次的对外开放，要不断促进货物贸易优化升级，创新服务贸易发展机制，积极参与全球数字经济和数字贸易规则制定，培育数字经济国际竞争合作新优势。持续缩减外资准入负面清单，提升服务业投资和市场准入水平，打造市场化、法治化、国际化一流营商环境。着力推进中国企业对外投资，有序推进人民币国际化，深度参与全球产业分工和合作，增强产业链供应链韧性和安全水平。积极推进加入《全面与进步跨太平洋伙伴关系协定》（CPTPP）和《数字经济伙伴关系协定》（DEPA），与更多伙伴商签自贸和投资协定。推动共建“一带一路”高质量发展，增强中欧班列、西部陆海新通道等国际大通道载体功能，巩固和提升区域经济合作成果。进一步优化区域开放布局，促进东中西部对外开放联动发展，扩大区域经济辐射带动作用。加快对外开放平台建设，高质量推动海南自由贸易港全岛封关运作，大力实施自由贸易试验区提升战略，逐步积累并复制推广更高水平开放型经济制度创新成果。

随着更高水平开放型经济新体制基本形成，我国对外开放的空间格局将不断优化，对外开放的范围领域将不断拓展，将为世界提供更多更好的中国制造和中国创造，为世界提供更大规模的中国市场和中国需求，不断以中国新发展为世界提供新机遇。我国对外开放的蓬勃发展必将为世界带来勃勃生机，推动经济全球化朝着更加开放、包容、普惠、平衡、共赢的方向发展。

《人民日报》（2023 年 04 月 28 日 09 版）

全面推进城乡、区域协调发展

——加快构建新发展格局，增强发展的安全性主动权

尹双红

匠心独运丹青手，万里山河起宏图。北京东六环地下 41 米，国内在建最长城市地下公路隧道正加紧施工，建成后将有力促进京津冀区域交通协同发展；长三角示范区“智慧大脑”上线，打通 18 条数据链路，汇聚 242 项数据资源，企业和群众办事更便捷、政府跨域协同治理更有效；银兰高铁开通后，带动两地游客数量猛增，沿线各地枸杞、大枣、牛羊肉等特色农产品口碑远扬……今天，960 多万平方公里的中华大地上，乡村产业蓬勃发展，各区域经济总量不断攀升，结构持续优化。协调发展的工笔画由点及面，正连缀成一幅加快构建新发展格局的壮阔画卷。

党的十八大以来，我国城乡、区域协调发展迈出坚实步伐，高

质量发展动能强劲。习近平总书记强调："要全面推进城乡、区域协调发展，提高国内大循环的覆盖面。"现代化建设进程必然伴随着城乡区域结构的深刻调整，这也是释放巨大需求、创造巨大供给的过程。当前我国居民消费提质扩容潜力巨大，补短板锻长板投资需求旺盛，在此基础上推进新型城镇化和区域协调发展有利于进一步拓宽国内市场空间，激发市场活力，引领创造更多市场需求。坚持全国一盘棋，把扩大内需战略和新型城镇化战略有序衔接起来，深入实施区域协调发展战略，方能更好增强发展的整体性、协调性，增强我国的生存力、竞争力、发展力、持续力。

城乡经济循环是国内大循环的题中应有之义，也是确保国内国际双循环比例关系健康的关键因素。"三农"涉及的行业多、领域广、群体大，在扩大国内需求、构建新发展格局中，可腾挪的空间、可挖掘的潜力非常广阔，对稳增长、稳就业、稳物价的战略支撑作用非常突出。随着农民收入持续增长，农村消费加快升级，预计每年可新增 2 万亿元左右的消费需求。到 2022 年末，我国常住人口城镇化率为 65.22%，还有较大提升空间。初步测算，未来 5 至 10 年，高标准农田、设施农业等乡村建设投资需求有近 15 万亿元。把战略基点放在扩大内需上，就要充分发挥乡村作为消费市场和要素市场的重要作用，全面推进乡村振兴，推进以县城为重要载体的城镇化建设，推动城乡融合发展，增强城乡经济联系，畅通城乡经济循环。

实施区域协调发展战略，是贯彻新发展理念、建设现代化经济体系的重要组成部分。党的十八大以来，我国区域协调发展呈现新格局、新气象。中部和西部地区生产总值占全国的比重由 2012 年的 21.3%、

19.6%提高到2021年的22%、21.1%，区域发展相对差距持续缩小；2021年，京津冀、长三角、粤港澳大湾区内地9市地区生产总值的总量超过全国40%，动力源地区引擎作用不断增强。东西互济、南北协同、陆海统筹，全国发展的协调性、平衡性日益增强。推动区域协调发展战略、区域重大战略、主体功能区战略等深度融合，同时防止各地搞自我小循环，打消区域壁垒，真正形成全国统一大市场，优化重大生产力布局，就能为扩大内需、构建新发展格局提供坚实支撑。

千钧将一羽，轻重在平衡。习近平总书记指出："我们想问题、作决策、办事情，首先要考虑人口基数问题，考虑我国城乡区域发展水平差异大等实际，既不能好高骛远，也不能因循守旧，要保持历史耐心，坚持稳中求进、循序渐进、持续推进。"推进城乡、区域协调发展是一个长期的过程，要根据各地区的条件，走合理分工、优化发展的路子，在发展中促进相对平衡，从全局谋划区域、以区域服务全局，尊重客观规律，发挥比较优势。

协调发展蕴含着高质量发展的巨大潜能。山东菏泽玫瑰种植基地的鲜花销往北京、青岛；白鹤滩水电站巨量绿电顺着密布的特高压线穿越山河，7毫秒左右就被"闪送"到2000公里之外的江浙两省……各地因地制宜，既立足自身比较优势，又融入国家发展大局，合理分工，优势互补，奏响加快构建新发展格局的"协奏曲"。迈步新征程，展现新作为，促进各类要素合理流动和高效集聚，畅通国内大循环，就一定能以协调发展为中国式现代化注入澎湃动能。

《人民日报》（2023年03月02日05版）

坚定走好新时代我国发展壮大的必由之路

张忠家 张卫东

习近平总书记在党的二十大报告中强调："贯彻新发展理念是新时代我国发展壮大的必由之路"。发展理念对头不对头，从根本上决定着发展的成效乃至成败。党的十八大以来，以习近平同志为核心的党中央对经济社会发展提出了许多重大理论和理念，其中新发展理念是最重要、最主要的。深刻认识和把握"贯彻新发展理念是新时代我国发展壮大的必由之路"，对于新时代新征程完整、准确、全面贯彻新发展理念，切实转变发展方式、推动高质量发展具有重大意义。

新发展理念是在深刻总结国内外发展经验教训基础上形成的。习近平总书记强调："发展是一个不断变化的进程，发展环境不会一成不变，发展条件不会一成不变，发展理念自然也不会一成不变。”理念是行动的先导。发展理念的变革引领发展潮流，关系发展成败。一些国家在发展中出现各种矛盾和问题，甚至落入中等收入陷阱、依附性陷阱，一个重要原因就是发展理念没有与时俱进，原有发展模式难以为继。一个时期，我国发展中存在简单追求增长速度、发展模式粗放等问题，也与发展理念不对头密切相关。新发展理念是我们党在深刻总结国内外发展经验教训、深刻分析国内外发展大势的基础上形成的，深刻改变和重塑着我国发展格局。党的十八大以来，以习近平同志为核心的党中央带领全党全国各族人民，完整、准确、全面贯彻新发展理念，着力推进高质量发展，主动构建新发展格局，我国经济实力实现历史性跃升。新时代新征程，只有把新发展理念落到实处，才能为我国赢得更加光明的发展前景。

新发展理念集中反映对经济社会发展规律认识的深化。习近平总书记指出，新发展理念“集中反映了我们党对经济社会发展规律认识的深化”。发展实践是由发展理念来引领的，发展理念的变革又源于对发展规律认识的深化。新中国成立以来，在领导社会主义现代化建设的实践中，我们党对发展规律的认识不断深化。党的十八大以来，以习近平同志为核心的党中央深入把握发展规律，提出新发展理念，进一步回答了实现什么样的发展、怎样实现发展这个重大问题。新发展理念提炼和总结我国经济发展实践的规律性成果，与时俱进对我国发展全局作出体现时代要求的顶层设计，深刻体现了发展规律，深刻揭示了迈上更高质量、更有效率、更加公平、更可持续、更为安全的发展之路的内在要求，有力指导我国新的发展实践。

新发展理念有效解决发展中的突出矛盾和问题。习近平总书记强调："创新发展注重的是解决发展动力问题，协调发展注重的是解决发展不平衡问题，绿色发展注重的是解决人与自然和谐问题，开放发展注重的是解决发展内外联动问题，共享发展注重的是解决社会公平正义问题。"新发展理念是针对我国发展中的突出矛盾和问题提出来的。新时代，我国社会主要矛盾已经转化为人民日益增长的美好生活需要和不平衡不充分的发展之间的矛盾，发展中的矛盾和问题集中体现在发展质量上。实现高质量发展，必须坚持问题导向，主动回应和解决突出矛盾和问题，着力提升发展质量和效益。我们要完整、准确、全面贯彻新发展理念，做到崇尚创新、注重协调、倡导绿色、厚植开放、推进共享，在解决突出矛盾和问题中实现高质量发展。

《人民日报》（2023 年 02 月 14 日 09 版）

完善分配制度

夯实促进共同富裕的基础性制度

卫志民 杨修博

共同富裕是社会主义的本质要求，是中国式现代化的重要特征。党的十八大以来，习近平总书记围绕实现共同富裕提出了一系列新理念、新思想、新战略，作出了一系列重大决策部署。完成脱贫攻坚、全面建成小康社会的历史任务，为促进共同富裕创造了良好条件。习近平总书记在党的二十大报告中指出："分配制度是促进共同富裕的基础性制度。"习近平总书记的重要论述，为新时代新征程促进共同富裕指明了前进方向、提供了根本遵循。制度问题更带有根本性、全局性、稳定性和长期性。新征程上，完善分配制度对于扎实推进共同富裕具有极为重要的作用。

实现有效激励与合理分配的关键。实现全体人民共同富裕，前提是不断解放和发展生产力，提高社会劳动生产率，不断创造和积累社会财富，为共同富裕奠定雄厚的物质基础。这就需要充分发挥分配制度的激励作用，最广泛地调动各方面积极性，促进高质量发展，把“蛋糕”做大做好。同时，处理好增长和分配的关系，构建合理的分配格局，把“蛋糕”切好分好，让全体人民共享改革发展成果。

坚持和完善社会主义基本经济制度的重要内容。实现全体人民共同富裕，必须坚持和完善社会主义基本经济制度。按劳分配为主体、多种分配方式并存的分配制度，与我国社会主义初级阶段生产力发展水平相适应，是社会主义基本经济制度的重要组成部分。完善分配制度，既能更充分体现社会主义制度优越性，又有利于提高效率效益、推动创新发展和转型升级，还有利于更好发挥分配对生产、流通、消费和投资的促进作用，畅通经济循环，完善经济治理。

发挥多层次分配协调配套制度作用的重要举措。初次分配、再分配和第三次分配制度在促进共同富裕中具有不同的功能和作用，三者既紧密联系，又相互区别。其中，初次分配是基础，是促进共同富裕的重要途径；再分配是保障，是促进共同富裕的重要手段；第三次分配是补充，是促进共同富裕的辅助方式。三个层次分配机制相互协调配套，依法依规运行，就能形成有效市场、有为政府和有爱社会对扎实推进共同富裕的“三轮驱动”。

共同富裕是一个长期的历史过程，也是一项社会系统工程，不可能一蹴而就，对其长期性、艰巨性、复杂性要有充分估计。当前，通过完善分配制度扎实推进共同富裕，需要在以下几方面努力。

发挥初次分配的基础性作用。初次分配是根据劳动、土地、资本、数据等生产要素在生产过程中的贡献进行分配。要坚持使市场在资源配置中起决定性作用，坚持居民收入增长和经济增长基本同步、劳动报酬提高与劳动生产率提高基本同步，构建体现效率、促进公平的收入分配体系。努力提高居民收入在国民收入分配中的比重，通过扩大就业规模和提高就业质量增加劳动者收入。提高劳动报酬在初次分配中的比重，坚持多劳多得，鼓励勤劳致富，促进机会公平。增加低收入者收入，扩大中等收入群体，着力形成中间大、两头小的橄榄型分配结构。完善按要素分配政策制度，探索多种渠道增加中低收入群众要素收入，多渠道增加城乡居民财产性收入。

加大税收、社会保障、转移支付等的调节力度。再分配是指政府通过税收、社会保障、转移支付等方式对国民收入在初次分配之后进行第二次分配，对于调节初次分配形成的收入和财富过大差距、促进社会公平正义和共同富裕具有重要作用。一是完善税收调节机制。优化税制结构，完善个人所得税制度，完善消费、财产等方面税收，完善税收征管。二是促进基本公共服务均等化。完善低收入人口保障服务，促进教育公平，完善养老和医疗保障体系、住房供应和保障体系、公共文化服务体系等，提高基本公共服务和社会保障能力，逐步实现人均基本公共服务均等化。三是加强转移支付。完善转移支付制度，优化转移支付结构，强化转移支付管理。四是规范收入分配秩序。保护合法收入，调节过高收入，规范财富积累机制，取缔非法收入。

建立健全第三次分配机制。与初次分配和再分配不同，第三次分配主要是企业、社会组织等根据自愿原则，以慈善和公益方式对所属资源和财富进行分配，是对初次分配和再分配的有益补充。发挥好第三次分配的作用，需要抓好以下几个方面：一是健全完善鼓励第三次分配的相关规定，支持有意愿有能力的企业、社会组织和个人积极参与公益慈善事业。二是加强慈善领域法治建设，完善慈善财产使用与分配的约束机制，健全慈善综合监管体系，强化政府监管，建立健全慈善组织、志愿者、捐赠方和政府部门协调联动机制，形成目标同一、行为有序的第三次分配运行模式。三是强化第三次分配的动员机制，加强舆论引导，让共同富裕观念深入人心；完善适合我国国情的慈善组织模式，探索各类新型捐赠模式，为慈善事业营造良好发展环境。

《人民日报》（2023 年 02 月 08 日 09 版）

凝聚创新动能 谱写崭新篇章

中国科学技术协会党组

党的二十大是在全党全国各族人民迈上全面建设社会主义现代化国家新征程、向第二个百年奋斗目标进军的关键时刻召开的一次十分重要的大会，习近平总书记在党的二十大报告中对中国式现代化作出重要论述，鲜明指出："从现在起，中国共产党的中心任务就是团结带领全国各族人民全面建成社会主义现代化强国、实现第二个百年奋斗目标，以中国式现代化全面推进中华民族伟大复兴。"广大科技工作者要坚持以习近平新时代中国特色社会主义思想为指导，深入学习贯彻党的二十大精神，为全面建设社会主义现代化国家、全面推进中华民族伟大复兴贡献智慧和力量。

深刻理解和把握中国式现代化的中国特色

世界上既不存在定于一尊的现代化模式，也不存在放之四海而皆准的现代化标准。习近平总书记指出："中国式现代化，是中国共产党领导的社会主义现代化，既有各国现代化的共同特征，更有基于自己国情的中国特色。"我们要深刻理解和把握中国式现代化的中国特色，将中国式现代化的丰富内涵和实践要求融入我国发展的各领域各方面各环节。

人口规模巨大的现代化。中国是世界上人口最多的发展中国家。习近平总书记指出："我国14亿人口要整体迈入现代化社会，其规模超过现有发达国家的总和，将彻底改写现代化的世界版图，在人类历史上是一件有深远影响的大事。"让14亿多人口整体迈入现代化，其发展任务之重、协调难度之大、潜在优势之强前所未有。推进中国式现代化，要始终坚持以人民为中心的发展思想，站稳人民立场，提高公民科学文化素质，加快从人力资源大国迈向人力资源强国。

全体人民共同富裕的现代化。共同富裕是中国特色社会主义的本质要求。习近平总书记指出："我国现代化坚持以人民为中心的发展思想，自觉主动解决地区差距、城乡差距、收入分配差距，促进社会公平正义，逐步实现全体人民共同富裕，坚决防止两极分化。"中国式现代化是全体人民共同富裕的现代化，不能只是少数人富裕，而是要全体人民共同富裕。我们要深刻认识到，促进全体人民共同富裕是一项长期任务，要将其摆在更加重要的位置，让现代化发展成果包括科技发展成果更多更公平惠及全体人民，努力以科技创新提升人民群众幸福指数。

物质文明和精神文明相协调的现代化。现代化不仅是物质财富的积累，也是精神文明的发展。习近平总书记指出："我国现代化坚持社会主义核心价值观，加强理想信念教育，弘扬中华优秀传统文化，增强人民精神力量，促进物的全面丰富和人的全面发展。"实现中华民族伟大复兴，既需要强大的物质力量，也需要强大的精神力量。实现物质文明和精神文明相协调的中国式现代化，要增强全体人民的文化自信、文化自觉和文化凝聚力，提高国民思想道德素质、科学文化素质，在社会主义现代化建设中随着物的全面丰富不断提高社会文明程度。

人与自然和谐共生的现代化。生态环境是人类生存最为基础的条件，是我国持续发展最为重要的基础。习近平总书记指出："我国建设社会主义现代化具有许多重要特征，其中之一就是我国现代化是人与自然和谐共生的现代化，注重同步推进物质文明建设和生态文明建设。"人与自然和谐共生的现代化，是可持续发展的现代化，要走生产发展、生活富裕、生态良好的文明发展道路。推进人与自然和谐共生的现代化，离不开科技的创新引领。我们要坚持"四个面向"，推动经济社会发展全面绿色转型，形成绿色发展方式和生活方式，为绿色发展提供有力的科技支撑。

走和平发展道路的现代化。中国式现代化决不会以牺牲别国利益为代价来发展自己。习近平总书记指出："我国现代化强调同世界各国互利共赢，推动构建人类命运共同体，努力为人类和平与发展作出贡献。”中国式现代化摒弃了西方以资本为中心的现代化、两极分化的现代化、物质主义膨胀的现代化、对外扩张掠夺的现代化老路，为促进人类文明进步贡献了中国智慧和中国方案。我们要充分发挥科技人文交流优势，拓展开放信任合作，更加主动深入参与全球科技治理，让科技发展造福世界，为人类和平与发展贡献中国力量。

坚持创新在我国现代化建设全局中的核心地位

未来 5 年是全面建设社会主义现代化国家开局起步的关键时期，搞好这 5 年的发展对于实现第二个百年奋斗目标至关重要。习近平总书记指出：“坚持创新在我国现代化建设全局中的核心地位。”科技创新是经济社会发展的重要引擎，是应对许多全球性挑战的有力武器。以中国式现代化全面推进中华民族伟大复兴，要在更高层次、更大范围发挥科技创新的引领作用，完善党中央对科技工作统一领导的体制，牢牢把握战略主动，持续提升科技自主创新能力。

完善党中央对科技工作统一领导的体制。党的十九大确立了到 2035 年跻身创新型国家前列的战略目标。党的二十大对完善科技创新体系作出新的部署，要求完善党中央对科技工作统一领导的体制。完善科技创新体系、加快实现高水平科技自立自强是深刻的系统性变革，必须以强有力的国家战略意志和体制机制作保障，必须始终坚持党的全面领导。新征程上，要完善党中央对科技工作统一领导的体制，健全党对科技工作的领导体制机制，发挥党的领导政治优势，观大势、谋全局、抓根本，为我国科技事业发展提供坚强政治保证。

牢牢把握战略主动。我国发展进入战略机遇和风险挑战并存、不确定难预料因素增多的时期。紧紧抓住机遇、有效应对挑战，牢牢把握战略主动，对于推进中国式现代化具有重要意义。我们要用全面、辩证、长远的眼光看问题，坚定战略定力，坚持把国家和民族发展放在自己力量的基点上、把中国发展进步的命运牢牢掌握在自己手中。当前，新一轮科技革命和产业变革加速演变，更加凸显了加快提高我国科技创新能力的紧迫性。我们要紧紧抓住这一历史性机遇，顺应当代科技革命和产业变革大趋势，牢牢把握战略主动，在一些优势领域打造“长板”，加速科技成果向现实生产力转化。

持续提升科技自主创新能力。习近平总书记指出：“从最初提出‘四个现代化’到现在提出全面建设社会主义现代化强国，科学技术现代化从来都是我国实现现代化的重要内容。”党的十八大以来，科技创新取得新的历史性成就证明，我国自主创新事业是大有可为的。科技界要坚持建设世界科技强国的奋斗目标，提升国家创新体系整体效能，增强自主创新能力，强化建设世界科技强国对建设社会主义现代化强国的战略支撑，掌握全球科技竞争先机，加强基础研究、鼓励自由探索，为在更高层次、更大范围发挥科技创新的引领作用作出更大贡献。

更好服务加快实现高水平科技自立自强

蓝图已经绘就，奋斗正当其时。习近平总书记指出："当前最重要的任务，就是撸起袖子加油干，一步一个脚印把党的二十大作出的重大决策部署付诸行动、见之于成效。"我们要深入学习贯彻党的二十大精神，坚持不懈用习近平新时代中国特色社会主义思想武装头脑、指导实践、推动工作，充分发挥科协的开放型、枢纽型、平台型组织优势，更好服务加快实现高水平科技自立自强、以中国式现代化全面推进中华民族伟大复兴。

坚持为科技工作者服务。科协组织要切实肩负起党和政府联系科技工作者的桥梁和纽带职责，团结爱国奉献的各方面优秀科技人才，服务国家发展大局。推动习近平新时代中国特色社会主义思想学习贯彻在科技界走深走实走心，弘扬新时代科学家精神，更好激励释放科技人才的创造力和创新活力。在联系服务科技工作者"亲"和"紧"上下功夫，既努力把国家实验室、国家科研机构、高水平研究型大学、科技领军企业等国家战略科技力量广泛联系起来，又加大对新型研发机构、非公有制企业和高新技术企业的服务覆盖，增强企业科技人员创新创业能力。

坚持为创新驱动发展服务。科协组织要增强服务创新驱动发展实效，发挥科技社团在科技创新新型举国体制中的作用，加强前瞻研判，紧密围绕"四个面向"，紧跟科技创新前沿步伐。加快完善科技类公共服务产品体系，促进产学研金深度融合，支撑高水平创新创造和高质量创业就业，深化"科创中国"试点城市建设，迭代重点支持产业，按需匹配服务团，导入人才技术资源，服务区域经济高质量发展。

坚持为提高全民科学素质服务。科协组织要高质量做好新时代科普工作，切实发挥科协作为科普工作主要社会力量的作用。认真贯彻落实《关于新时代进一步加强科学技术普及工作的意见》，牵头推进《全民科学素质行动规划纲要（2021—2035年）》实施，筑牢构建新发展格局的公众科学素质基础。做优“科普中国”品牌，引导科技工作者和社会力量创作科普科幻精品，强化优质科普资源供给。

坚持为党和政府科学决策服务。科协组织要充分发挥智库功能，有效集思汇智聚力，开展世界科技强国建设、原创性引领性科技攻关等重大问题战略咨询研究。加强决策咨询专家队伍建设，发挥全国学会决策咨询主体作用，发挥地方科协决策咨询特色优势，实施科技智库青年人才计划。开展科技伦理挑战、风险防范、安全保障、冲突化解等前瞻性决策咨询研判，维护科技安全，以科技支撑社会治理、保障国家安全。

《人民日报》（2022年10月28日08版）

拓展阅读

进一步深化改革开放

——加快构建新发展格局，增强发展的安全性主动权

张凡

改革开放是当代中国最显著的特征、最壮丽的气象。天津提出要深化要素市场化配置改革，营造各类企业一视同仁、公平竞争的市场环境；浙江明确2023年将实施营商环境优化提升改革工程，全面优化提升政务环境、法治环境、市场环境、生态环境、人文环境；广东提出落实“制造业投资10条”“稳外资12条”和新版外资准入负面清单等，以改革创新推动深圳中国特色社会主义先行示范区建设……春回大地，万象更新，各地以坚定态度、务实行动持续发力深化改革，多措并举扩大开放，更大激发市场活力和社会创造力，为构建新发展格局注入了澎湃动能。

经济社会是一个动态循环系统。构建新发展格局，关键在于实现经济循环流转和产业关联畅通，根本要求是提升供给体系的创新力和关联性，解决各类“卡脖子”和瓶颈问题，畅通国民经济循环。为此必须深化改革、扩大开放、推动科技创新和产业结构升

级。习近平总书记强调："要进一步深化改革开放，增强国内外大循环的动力和活力。"加快形成以国内大循环为主体、国内国际双循环相互促进的新发展格局，是事关全局的系统性深层次变革。前进道路上，我们要继续用足用好改革这个关键一招，保持勇往直前、风雨无阻的战略定力，推动更深层次改革，实行更高水平开放，为构建新发展格局提供强大动力。

新时代十年，我们以巨大的政治勇气全面深化改革，实行更加积极主动的开放战略，社会生产力和经济活力实现前所未有的跃升。从科技体制改革破立并举，推动我国全球创新指数排名不断提升，到"放管服"改革深入推进，为经营主体松绑减负；从以推进供给侧结构性改革为主线，更多运用改革办法推动质量变革、效率变革、动力变革，到颁布实施外商投资法，持续缩减外资准入负面清单；从进博会、服贸会、广交会、消博会等越办越好，唱响全球共同开放和音，到21个自由贸易试验区覆盖东西南北中，海南自由贸易港扬帆起航……十年来，我们坚持改革不停顿、开放不止步，最大限度释放全社会创新创业创造动能，为加快构建新发展格局、增强发展的安全性稳定性提供了有力支撑。

构建新发展格局是发展问题，但本质上是改革问题。全面建成新发展格局任重道远。面对新情况新问题，我们要坚持问题导向和系统观念，着力破除制约加快构建新发展格局的主要矛盾和问题，全面深化改革，推进实践创新、制度创新，不断扬优势、补短板、强弱项。从"深化要素市场化改革，建设高标准市场体系"，到"完善产权保护、市场准入、公平竞争、社会信用等市场经济基础制度"，再到

“加强反垄断和反不正当竞争”……围绕目标任务，更加精准地出台改革方案，推动改革向更深层次挺进，使各项改革朝着推动形成新发展格局聚焦发力，一定能扫除阻碍国内大循环和国内国际双循环畅通的制度、观念和利益羁绊，为各类经营主体投资创业营造良好环境。

开放带来进步，封闭必然落后。在构建新发展格局中推进高水平对外开放，是顺应经济全球化历史大势的需要，也是提升国内循环质量和促进国内国际双循环在更高水平上相互促进的客观要求。回望过去，我国经济发展成就是在开放条件下取得的；展望未来，我国经济高质量发展也必须在更加开放的条件下进行。新征程上，我们必须坚持开放合作的双循环，通过强化开放合作，更加紧密地同世界经济联系互动，提升国内大循环的效率和水平。要推进高水平对外开放，稳步推动规则、规制、管理、标准等制度型开放，营造市场化、法治化、国际化一流营商环境，推动共建“一带一路”高质量发展，全面塑造参与国际合作和竞争新优势，促进各国互利共赢、共同繁荣发展。

服务业扩大开放综合试点进一步扩围，《鼓励外商投资产业目录（2022年版）》生效施行，全面实行股票发行注册制改革正式启动……加快构建新发展格局迈出坚实步伐。进一步深化改革开放，更好统筹国内循环和国际循环，用好国内国际两个市场两种资源，保持战略定力，坚定必胜信心，我们一定能妥善应对好各种可以预见和难以预见的狂风暴雨、惊涛骇浪，不断夺取全面建设社会主义现代化国家新胜利。

《人民日报》（2023年03月03日05版）

物质文明和精神文明均衡发展、相互促进

——深刻理解把握中国式现代化的中国特色

张明

习近平总书记在党的二十大报告中指出："中国式现代化是物质文明和精神文明相协调的现代化。"物质富足、精神富有是社会主义现代化的根本要求。推进中国式现代化，既需要不断厚植现代化的物质基础，也需要更好构筑中国精神、中国价值、中国力量。

中国式现代化是中国共产党领导的社会主义现代化。社会主义现代化坚持以人为本，追求的是人的全面发展和社会的全面进步。物质贫困不是社会主义，精神贫乏也不是社会主义。党的二十大报告提出以中国式现代化全面推进中华民族伟大复兴。实现伟大梦想，需要强大的物质力量，也需要强大的精神力量。只有物质文明建设和精神文明建设都搞好，国家物质力量和精神力量都增强，人民物质生活和精神生活都改善，我们才能向着民族复兴宏伟目标顺利迈进。

习近平总书记指出："实现中国梦，是物质文明和精神文明均衡发展、相互促进的结果。"辩证唯物主义强调世界的统一性在于它的物质性，但也认为意识对物质有反作用。我们坚持以辩证、全面的观点正确处理物质文明和精神文明的关系，在推进社会主义现代化建设过程中，将解放生产力、发展生产力作为社会主义本质要

求和根本任务，始终坚持发展是第一要务，不断夯实现代化的物质基础。同时也强调，现代化既是物质生产力不断提升的过程，也是人的精神世界不断丰富的过程。加强社会主义精神文明建设，能够为经济社会持续健康发展提供精神动力和文化条件，这正是精神变物质、物质变精神的辩证法。我们党以系统思维坚持推进物质文明和精神文明相协调的现代化，摒弃了西方物质主义膨胀的现代化，为破解人类在现代化进程中遇到的精神贫乏等问题，探索更好的现代化发展路径提供了中国方案。

经过接续奋斗特别是新时代十年的砥砺奋进，党和国家事业取得历史性成就、发生历史性变革，为实现中华民族伟大复兴提供了更为完善的制度保证、更为坚实的物质基础、更为主动的精神力量。新时代的历史性成就、历史性变革是全方位的。我们党把文化自信和道路自信、理论自信、制度自信并列为中国特色社会主义“四个自信”，强调文化自信是更基础、更广泛、更深厚的自信，站在新的历史高度推进文化建设，大大增强了全党全国各族人民的精神力量。新时代十年，面对世界形势的深刻变化，面对改革发展稳定的一系列深层次问题，面对来自多方面的风险考验，我们能够处变不惊、从容应对，除了雄厚物质实力奠定的基础，也离不开党和人民昂扬的奋斗精神、不断增强的志气骨气底气和全社会向上向善的良好风气、极大提升的凝聚力和向心力。新时代波澜壮阔的实践充分说明，只有物质文明和精神文明协调发展，中国特色社会主义巍巍巨轮才能劈波斩浪、一往无前。

共同富裕是全体人民共同富裕，是人民群众物质生活和精神生活都富裕。着力促进全体人民共同富裕，对推进物质文明建设和精神文明建设提出了更高要求。一方面，要完整、准确、全面贯彻新发展理念，加快构建新发展格局，实现高质量发展，不断夯实中国式现代化的物质基础。另一方面，要大力发展社会主义先进文化，加强理想信念教育，传承中华文明，积极回应人民群众精神文化需求，推进文化自信自强，为中国式现代化提供坚强思想保证、强大精神力量、丰润道德滋养。协调推进物质文明建设和精神文明建设，中国式现代化必将不断促进物的全面丰富和人的全面发展。

《人民日报》（2022 年 12 月 22 日 07 版）

生态文明这个旗帜必须高扬
——新时代推进美丽中国建设的根本遵循

人民日报评论部

北京空气质量持续改善，市民可拍到璀璨的星轨；“华北明珠”白洋淀水生态得到恢复，“鸟中大熊猫”青头潜鸭在这里安家；上海不断推进土壤污染治理，桃浦工业园区变身市中心绿地……党的十八大以来，我国把生态文明建设摆在全局工作的突出位置，走出了一条生产发展、生活富裕、生态良好的文明发展道路，人民群众的生态环境获得感、幸福感和安全感不断增强。

生态兴则文明兴。党的十八大以来，以习近平同志为核心的党中央以前所未有的力度抓生态文明建设，开展了一系列根本性、开创性、长远性工作，创造了举世瞩目的生态奇迹和绿色发展奇迹。习近平总书记创造性提出一系列富有中国特色、体现时代精神、引领人类文明发展进步的新理念新思想新战略，形成了习近平生态文明思想。这一重要思想系统回答了为什么建设生态文明、建设什么样的生态文明、怎样建设生态文明等重大理论和实践问题，把我们党对生态文明的认识提升到一个新高度，开创了生态文明建设新境界。

生态文明建设是一场涉及生产方式、生活方式、思维方式和价值观念的深刻变革，尤为需要科学思想指引。强调“人与自然和谐共生”，确立生态文明建设的基本原则；强调“绿水青山就是金山银山”，指明生态文明建设的核心理念；强调“良好生态环境是最普惠的民生福祉”，明确生态文明建设的宗旨要求；强调“统筹山水林田湖草沙系统治理”，凸显生态文明建设的系统观念；强调“用最严格制度最严密法治保护生态环境”，夯实生态文明建设的制度保障；强调“共谋全球生态文明建设之路”，提出生态文明建设的全球倡议……习近平生态文明思想系统阐释了人与自然、保护与发展、环境与民生、国内与国际等关系，是一个系统完整、逻辑严密、内涵丰富的科学体系，凝结着对发展人类文明、建设清洁美丽世界的思考和洞见，为新时代我国生态文明建设提供了根本遵循和行动指南。

一个立志于千秋伟业的大党，如何权衡治国理政中的轻重缓急，考验智慧、见证勇毅，彰显的是远见。2012年12月，党的十八大召开后不久，习近平总书记在广东考察时指出：“我们在生态环境方面欠账太多了，如果不从现在起就把这项工作紧紧抓起来，将来付出的代价会更大。在这个问题上，我们没有别的选择。”把“美丽中国”纳入社会主义现代化强国目标，把“生态文明建设”纳入“五位一体”的总体布局，把“人与自然和谐共生”纳入新时代坚持和发展中国特色社会主义基本方略，把“绿色发展”纳入新发展理念，把“污染防治”纳入三大攻坚战……在习近平生态文明思想指引下，我们作出一系列重大战略部署，生态文明建设决心之大、力度之大、成效之大前所未有，新时代美丽中国建设迈出重大步伐，生态环境保护从认识到实践发生历史性、转折性、全局性变化。

在我国这个14亿多人口的最大发展中国家推进生态文明建设，建成富强民主文明和谐美丽的社会主义现代化强国，其影响将是世界性的。习近平总书记坚定指出，“生态文明这个旗帜必须高扬”。到2035年“美丽中国建设目标基本实现”的蓝图已经擘画，生态文明建设也到了有条件有能力解决生态环境突出问题的窗口期。新征程上，以习近平生态文明思想为指引，从思想、法律、体制、组织、作风上全面发力，全方位、全地域、全过程加强生态环境保护，定能不断开创新时代生态文明建设新局面，让祖国天更蓝、山更绿、水更清、生态环境更美好，让锦绣河山造福人民、泽被子孙。

《人民日报》（2022年09月27日05版）

坚持系统观念

完整准确全面贯彻新发展理念

王洪波

习近平总书记指出："完整、准确、全面贯彻新发展理念，必须坚持系统观念"。贯彻新发展理念是关系我国发展全局的一场深刻变革，具有重大现实意义和深远历史意义。我们必须把新发展理念贯彻到经济社会发展全过程和各领域，切实解决好发展不平衡不充分的问题，推动高质量发展。这就要求坚持系统观念，全面、准确把握新发展理念的科学内涵和实践要求，把新发展理念全面落到实处。

新发展理念是一个系统的理论体系。习近平总书记指出："这五大发展理念相互贯通、相互促进，是具有内在联系的集合体，要统一贯彻，不能顾此失彼，也不能相互替代。"经济社会发展是一个多维度、多层次、多因素的整体，新发展理念作为发展实践的思想引领，也是一个内涵丰富的整体。其中，创新是引领发展的第一动力，着力解决的是发展动力问题；协调是持续健康发展的内在要求，着力解决的是发展不平衡问题；绿色是永续发展的必要条件和人民对美好生活追求的重要体现，着力解决的是人与自然和谐问题；开放是国家繁荣发展的必由之路，着力解决的是发展内外联动问题；共享是中国特色社会主义的本质要求，着力解决的是社会公平正义问题。运用系统观念把握新发展理念，有助于我们深刻理解这一理论体系中关于发展的目的、动力、方式、路径等一系列理论和实践问题，掌握其中蕴含的我们党关于发展的政治立场、价值导向、发展模式、发展道路等重大政治问题。从系统观念出发，我们就能更好理解新发展理念各个方面的主题主旨相通、目标指向一致，构成密切相连的逻辑体系，统一于“五位一体”总体布局和“四个全面”战略布局，统一于坚持和发展中国特色社会主义伟大实践，统一于实现中华民族伟大复兴的宏伟目标。

贯彻新发展理念需要运用系统观念。在实践中，要围绕完整、准确、全面贯彻新发展理念，加强前瞻性思考、全局性谋划、战略性布局、整体性推进。比如，实现可持续发展需要创新发展模式，实现共享发展需要创新分配机制。同样，能否实现共享发展，不仅影响发展的可持续性，而且影响创新的动力。这就要做到各方面工作相互促进、齐头并进，不能单打独斗、顾此失彼，不能偏执一方、畸轻畸重。新发展理念的提出，具有很强的现实针对性。比如，创新能力不强、发展方式粗放、城乡区域发展不协调等，这些问题相互关联，影响高质量发展。要坚持两点论和重点论相统一，善于厘清主要矛盾和次要矛盾、矛盾的主要方面和次要方面，区分轻重缓急，根据必要性和可行性，明确阶段性工作重点，抓住突出、紧迫的关键性问题，以重点突破带动整体推进，在整体推进中实现重点突破。运用系统观念把握和贯彻新发展理念，还要坚持具体问题具体分析，一切以时间、地点、条件为转移，善于把握工作的时度效，不断提高践行新发展理念的能力和水平，真正做到崇尚创新、注重协调、倡导绿色、厚植开放、推进共享，不断开拓发展新境界。

系统观念体现着一种辩证思维，强调用发展的眼光审视系统，避免孤立、静止、片面地看问题。习近平总书记指出：“完整、准确、全面贯彻新发展理念，既要以新发展理念指导引领全面深化改革，又要通过深化改革为完整、准确、全面贯彻新发展理念提供体制机制保障。”这就要求我们辩证把握新发展理念和全面深化改革的关系。一方面，理念是行动的先导。只有用新发展理念引领全面深化改革，把新发展理念这个“指挥棒”贯穿发展全过程和各领域，才能立足新发展阶段、构建新发展格局，实现更高质量、更有效率、更加公平、更可持续、更为安全的发展。另一方面，贯彻落实新发展理念，涉及一系列思维方式、行为方式、工作方式的变革，涉及一系列工作关系、社会关系、利益关系的调整，需要通过改革的手段来实现。只有强化问题导向，坚决破除一切不合时宜的思想观念和体制机制弊端，突破利益固化的藩篱，构建系统完备、科学规范、运行有效的制度体系，不断推进国家治理体系和治理能力现代化，才能为完整、准确、全面贯彻新发展理念提供体制机制保障。运用好系统观念，全面深化改革，才能更好践行新发展理念，破解发展难题、增强发展活力、厚植发展优势，推动经济社会发展不断呈现新气象。

《人民日报》（2022 年 05 月 23 日 09 版）

第三编

以钉钉子精神抓工作落实

“以钉钉子精神抓工作落实”

保持历史耐心和战略定力，实干担当抓落实，力戒形式主义、官僚主义

提振锐意进取、担当有为的精气神

涂仲林

雄安新区，项目建设现场热火朝天，这座“未来之城”正在拔地而起；四川甘孜，世界海拔最高的水光互补电站雅砻江柯拉光伏电站建设正酣……2023 年是全面贯彻落实党的二十大精神的开局之年，许多地方以“开局就是决战、起步就是冲刺”的清醒和拼劲，锚定奋斗目标、坚持真抓实干、勇于攻坚克难，展现出锐意进取、担当有为的精气神。

党员、干部干事创业，要有锐意进取、担当有为的精气神。习近平总书记在学习贯彻习近平新时代中国特色社会主义思想主题教育工作会议上指出：“要教育引导广大党员、干部学思想、见行动，树立正确的权力观、政绩观、事业观，增强责任感和使命感，不断提高推动高质量发展本领、服务群众本领、防范化解风险本领，加强斗争精神和斗争本领养成，提振锐意进取、担当有为的精气神。”

中国共产党自成立之日起，就肩负起为中国人民谋幸福、为中华民族谋复兴的初心和使命。一代又一代中国共产党人直面艰险、顽强拼搏，锐意进取、担当有为，展现出大无畏的英雄气概，形成党的光荣传统和优良作风。就是凭着那么一股革命加拼命的强大精神，我们党历经百年而风华正茂、饱经磨难而生生不息。带领人民战风沙、斗内涝、治盐碱的焦裕禄，水过不去、拿命来铺的黄大发，扎根乡土、奉献家乡的黄文秀等，他们身上都鲜明展现了共产党人锐意进取、担当有为的精气神。

党的十八大以来，在以习近平同志为核心的党中央坚强领导下，党和国家事业取得历史性成就、发生历史性变革，中国人的志气、骨气、底气极大增强，历史主动性和创造性更加焕发。团结带领全国各族人民全面建成社会主义现代化强国、实现第二个百年奋斗目标，以中国式现代化全面推进中华民族伟大复兴，是新时代新征程我们党的中心任务。这是一项前无古人的开创性事业。前进道路上，我们会遭遇各种艰难险阻，要经受许多风高浪急甚至惊涛骇浪的重大考验。唯有始终保持锐意进取、担当有为的精气神，才能胜利推进强国建设、民族复兴的历史伟业。

提振锐意进取、担当有为的精气神，是解决大党独有难题中“如何始终保持干事创业精神状态”的必然要求。总体来看，现在广大党员、干部的能力素质和精神状态是好的，但在一些党员、干部身上也存在不愿担当、不敢担当、不善担当的问题。这一问题尽管只存在于少数党员、干部身上，但若任其发展，就会损害党的形象、贻误党的事业。

影响党员、干部精神状态的因素有很多，最主要的是权力观、政绩观、事业观。权力观、政绩观、事业观正确了，就能摆脱名利束缚，戒除浮躁虚荣，心无旁骛干事，在成绩面前不自满不懈怠，在困难面前不气馁不退缩，以永不懈怠的精神状态、一往无前的奋斗姿态和越是艰险越向前的斗争精神打开事业发展新天地。党员、干部要敬畏权力，坚持权为民所用，不能以权谋私，不能损公肥私；处理好“显绩”与“潜绩”、“功成不必在我”与“功成必定有我”的关系，多做打基础、利长远的事情，多做解民忧利民生的工作；不断提升工作的水平、质量和标准，推动党和人民事业发展。

习近平总书记强调：“社会主义是拼出来、干出来、拿命换来的，不仅过去如此，新时代也是如此。”新时代新征程，党员、干部要学思想、见行动，不断提振锐意进取、担当有为的精气神，努力践行以人民为中心的发展思想，以初心为恒心，视使命如生命，在推动高质量发展上闯出新路子，在服务群众中体现新担当，在防范化解风险中展现新作为。

《人民日报》（2023 年 06 月 15 日 09 版）

以学正风，大兴务实之风

——推动主题教育取得实实在在的成效

仲音

“通过集中教育推动全党以自我革命精神解决党风方面的突出问题，是一条重要历史经验。”近日，习近平总书记在内蒙古考察时围绕“以学正风”提出明确要求，强调要“大兴务实之风”“弘扬清廉之风”“养成俭朴之风”，为推动主题教育取得实实在在的成效进一步指明了方向。

党风问题关系执政党的生死存亡。党的十八大以来，习近平总书记高度重视党风廉政建设，指出“领导干部的作风直接关系党内风气和政治生态，关系民心向背，决定着党的群众基础”，强调“作风建设永远在路上，任何时候都不能松懈”，要求“作风建设必须以上率下，用钉钉子精神抓落实”。从制定和落实中央八项规定破题，持续深化纠治“四风”，解决党风存在的突出问题和弊端，到弘扬谦虚谨慎、艰苦奋斗等光荣传统，涵养求真务实、清正廉洁的新风正气，再到把纪律和规矩挺在前面，抓早抓小、防微杜渐，坚决整治群众身边的腐败和不正之风……经过新时代全面从严治党的革命性锻造，党风政风焕然一新，社风民风持续向好，为新时代伟大变革提供了坚强作风保障。

当前，我国发展面临新的战略机遇、新的战略任务、新的战略阶段、新的战略要求、新的战略环境，需要应对的风险和挑战、需要解决的矛盾和问题比以往更加错综复杂。风险越大、挑战越多、任务越重，越要加强党的作风建设，以好的作风振奋精神、激发斗志、树立形象、赢得民心。广大党员干部要自觉用习近平新时代中国特色社会主义思想改造主观世界，深刻领会这一重要思想关于坚定理想信念、提升思想境界、加强党性锻炼等一系列要求，善于运用这一重要思想深入推进全面从严治党，时刻保持解决大党独有难题的清醒和坚定，解决思想不纯、组织不纯方面存在的突出问题。习近平总书记强调：“要抓实以学正风，坚持目标导向和问题导向相结合、学查改相贯通，对标党风要求找差距、对表党性要求查根源、对照党纪要求明举措，增强检视整改实效。”开展主题教育，抓实以学正风，首先就要大兴务实之风，激发求真务实、团结奋斗的强大正能量，努力创造经得起历史和人民检验的实绩。

大兴务实之风，必须抓好调查研究。调查研究是谋事之基、成事之道，是做好工作的基本功。冒着零下十几摄氏度的严寒，顶风踏雪入太行，进村入户看真贫；大雨滂沱，积水没过脚面，卷起裤腿，打着雨伞，向武汉新港工作人员了解物流情况；不辞劳苦，辗转千里，来到广汽研究院座谈交流，寻求真知灼见的“源头活水”……习近平总书记率先垂范、以身作则、亲力亲为，用一次次生动而深刻的调研，为全党重视调研、深入调研、善于调研树立了光辉典范。以这次主题教育为契机，将调查研究发扬光大，关键在一个“实”字。广大党员干部特别是领导干部要扑下身子、沉到一线，坚持问题导向，增强问题意识，既看“高楼大厦”又看“背阴胡同”，运用党的创新理论研究新情况、解决新问题。要多到困难多、群众意见集中、工作打不开局面的地方和单位调研，真诚倾听群众呼声、真实反映群众愿望、真情关心群众疾苦，准确了解群众的所忧所盼，真正把情况摸清、把问题找准、把对策提实，推动思想大解放、能力大提升、作风大转变、工作大落实。

大兴务实之风，必须重实干求实效。新征程是充满光荣和梦想的远征，没有捷径，唯有实干。习近平总书记指出，“在察实情、出实招、求实效上下功夫，把工作抓实、基础打实、步子迈实，在力戒形式主义、官僚主义上取得明显实质性进展”。广大党员干部要脚踏实地，埋头苦干，不驰于空想，不骛于虚声；要笃实好学，尊重实际，不违背规律，不盲目蛮干；要求真务实，注重实效，不做表面文章，不要花拳绣腿。要胸怀“国之大者”，牢记“空谈误国、实干兴邦”，真抓实干、务求实效，切实把调研成果转化为解决问题、改进工作的实际举措，聚焦问题、知难而进，以“时时放心不下”的责任感、积极担当作为的精气神为党和人民履好职、尽好责，以新气象新作为推动高质量发展取得新成效。

习近平总书记强调："人民群众看主题教育是否有成效，最直观的感受是看党风方面存在的问题是否得到解决、党员干部作风是否有明显进步。"以这次主题教育为契机，把习近平新时代中国特色社会主义思想转化为坚定理想、锤炼党性和指导实践、推动工作的强大力量，在以学铸魂、以学增智、以学正风、以学促干方面取得实实在在的成效，我们就一定能永葆党的先进性和纯洁性，以好作风好形象创造新伟业。

《人民日报》（2023年06月12日01版）

发扬钉钉子精神

刘大成

发扬钉钉子精神，是指做事情要有一种稳扎稳打、锲而不舍的精神状态。习近平总书记强调："干部干事创业要树立正确政绩观，有功成不必在我的精神境界、功成必定有我的历史担当，发扬钉钉子精神，脚踏实地干。"新时代新征程，我们要深入贯彻落实习近平总书记的重要要求，大力发扬钉钉子精神。

干事创业，目标任务一旦确定，就要发扬钉钉子精神，全力以赴，久久为功。对于个人成长来说，发扬钉钉子精神，脚踏实地，一点一滴积累，才能增长学识、锻炼才干。对于一个单位、一个地区发展来说，在目标任务确定之后，发扬钉钉子精神，一任接着一任干，一张蓝图绘到底，才能干出成效。历史和现实充分证明，发扬钉钉子精神，一步一个脚印，保持力度、保持韧劲，善始善终、善作善成，是我们推动党和国家事业发展的宝贵经验。

中国共产党人在长期奋斗历程中不畏艰险、艰苦奋斗，始终保持战略定力和耐心，遇到任何困难都不畏缩、不动摇，始终发扬钉钉子精神，一茬接着一茬干，创造了无愧历史和人民的业绩。进入新时代，我们动员全党全国全社会力量，组织实施人类历史上规模最大、力度最强的脱贫攻坚战，攻克了一个又一个贫中之贫、坚中之坚，历史性地解决了绝对贫困问题，创造了人类减贫史上的奇迹；我们加快发展方式绿色转型，深入推进环境污染防治，咬住问题不放松，持续推进生态文明建设，美丽中国天更蓝、山更绿、水更清；我们持续整治“四风”，一个问题一个问题解决，一个节点一个节点坚守，刹住了一些长期没有刹住的歪风邪气，解决了一些长期没能解决的顽瘴痼疾，党风政风焕然一新，社风民风持续向好……这些都生动诠释了中国共产党人的钉钉子精神。

习近平总书记强调：“干事业就要有钉钉子精神，抓铁有痕、踏石留印，稳扎稳打向前走，过了一山再登一峰，跨过一沟再越一壑，不断通过化解难题开创工作新局面。”一代人有一代人的际遇，一代人有一代人的奋斗。全面建成社会主义现代化强国、全面推进中华民族伟大复兴，是充满光荣和梦想的远征。蓝图已经绘就，号角已经吹响。在强国建设、民族复兴的新征程上，广大党员干部要发扬钉钉子精神，锲而不舍地将党中央的决策部署落到实处。

钉钉子往往不是一锤子就能敲好的，而是需要找准位置，一锤接着一锤敲，直到把钉子准确、牢固地钉住。党员干部发扬钉钉子精神，就要坚持钉准、钉稳、钉实，真正实现目标任务。首先要钉准，即找准定位、抓住重点。要明确自己的目标任务，把握好自己的工作重点，确保不跑偏、不走样、不变形。比如，为群众办事，首先要了解群众的实际需求，找准群众最关心最直接最现实的利益问题，将其作为开展工作的落脚点。其次，要钉稳，即稳扎稳打、持之以恒。要有长远眼光，不能急功近利，始终保持恒心和耐心，不断推进工作。工作中要啃的硬骨头，通常是多年积累的“老大难”问题，解决这样的问题就不能搞“一阵风”，必须久久为功，逐一梳理问题，列出解决措施，做到问题不解决不松劲、解决不彻底不放手。最后，要钉实，即埋头苦干、务求实效。工作中要脚踏实地，不图虚名、不做虚功，勇于担当、积极作为，以务实的态度推进工作，把惠民生的事办实、暖民心的事办细、顺民意的事办好。

《人民日报》（2023 年 06 月 05 日 09 版）

着力提高调查研究质量

臧安民

在学习贯彻习近平新时代中国特色社会主义思想主题教育工作会议上，习近平总书记强调：“要深入调查研究”“改进调研方式，力戒形式主义、官僚主义”“提高调研成果质量，切实把调研成果转化为解决问题、改进工作的实际举措”。着力提高调查研究质量，运用党的创新理论研究新情况、解决新问题，是深入学习贯彻习近平总书记重要讲话精神、贯彻落实党中央决策部署、深入开展主题教育的必然要求。

调查研究是关系党和人民事业得失成败的大问题

习近平总书记指出：“调查研究是谋事之基、成事之道”“是我们党的传家宝，是做好各项工作的基本功”。大兴调查研究，是深入学习贯彻习近平新时代中国特色社会主义思想的必然要求，是应对新征程上风浪考验、推进高质量发展的应有之义，是转变工作作风、密切联系群众、提高履职本领、强化责任担当的重大举措。

学习贯彻党的创新理论需要高质量的调查研究。时代是思想之母，实践是理论之源。习近平新时代中国特色社会主义思想在新时代伟大实践中创立，在指导实践、推动实践中展现出巨大真理力量和实践伟力。深入实际、深入实践的高质量调查研究，有助于党员干部深刻把握这一重要思想的理论逻辑、历史逻辑、实践逻辑，更加全面把握这一重要思想的世界观、方法论和贯穿其中的立场观点方法，更加深切地领悟这一重要思想对推动工作思路、举措、办法创新的重要作用，从而真正运用这一重要思想优化思想方法、解决思想困惑，始终做到方向明确、头脑清醒、应对有方、行动有力。

坚持人民至上需要高质量的调查研究。人民性是马克思主义的本质属性。习近平总书记指出：“江山就是人民、人民就是江山，打江山、守江山，守的是人民的心。”坚持为人民执政、靠人民执政，必须贯彻党的群众路线，时刻关注群众在想什么、盼什么，真正搞清楚老百姓的“喜怒哀乐、酸甜苦辣”，从而在人民的创造性实践中获得正确认识，使各项决策和工作部署集中民智、体现民意、反映民情、深得民心，赢得人民群众的拥护和支持，把党的正确主张变为人民群众的自觉行动。

掌握马克思主义认识论需要高质量的调查研究。实践的观点是马克思主义认识论的基本观点。在“实践—认识—再实践—再认识”的循环往复中使主观与客观相符合，需要有一个桥梁和途径，调查研究就是这样的桥梁和途径。只有深入实际，搞清楚问题是什么、症结在哪里，然后分析综合，形成符合实际的判断，才能拿出破解难题的实招硬招。为了打赢脱贫攻坚战，习近平总书记先后 7 次主持召开中央扶贫工作座谈会，50 多次调研扶贫工作，走遍 14 个集中连片特困地区。正是这样看真贫、扶真贫，直接听取贫困地区干部群众意见，不断完善扶贫思路和扶贫举措，以习近平同志为核心的党中央带领全党全国人民打赢了人类历史上规模最大的脱贫攻坚战，创造了彪炳史册的人间奇迹。

高质量的调查研究贵在坚持实事求是

习近平总书记指出：调查研究“既要‘身入’基层，更要‘心到’基层，听真话、察真情，真研究问题、研究真问题”，要“坚持问题导向，增强问题意识，敢于正视问题，善于发现问题，既看‘高楼大厦’又看‘背阴胡同’，真正把情况摸清、把问题找准、把对策提实”。调查研究的高质量，贵在“真”和“实”。要努力在提高调查研究对象的广泛性上下功夫，在提高调查研究内容的针对性上下功夫，在提高调查研究方法的科学性上下功夫，在提高调查研究成果的有效性上下功夫，不断提高调查研究的质量和水平。

真情对待群众。习近平总书记指出：“贯彻党的群众路线，首先要对群众有感情，真正把自己当作群众的一员、把群众的事当作自己的事。”2013 年 2 月 3 日，习近平总书记在甘肃省渭源县元古堆村马岗家的土坯房里，从墙根水缸舀起一瓢水尝了尝，苦咸水的滋味让他眉头紧锁。在引洮供水工程工地考察时，习近平总书记叮嘱当地和随行有关部门负责同志“民生为上，治水为要”。此后，惠及甘肃几百万人民群众的“引洮工程”加快施工，甘甜的自来水流进家家户户。充满人民情怀的调查研究，为广大党员干部树立了典范。有真情才能身挨身坐、心贴心聊。衡量调查研究质量高低，不是看调查研究的规模有多大、时间有多长，也不光看调研报告写得怎么样，关键是调查研究的“质”和“效”，看调研成果是否得到运用，看问题是否得到解决，看工作水平是否得到提高，看与群众感情是否进一步加深。

真诚听取意见。真诚才能换来真话。2020 年 9 月 17 日，习近平总书记在湖南省长沙市主持召开基层代表座谈会时指出：“大家都处在改革发展和生产一线，参与经济社会生活最直接，同群众联系最经常，对党的路线方针政策落地见效感知最真切，提出的意见和建议能够更加贴近基层实际、反映群众心声。”有了这份真诚，群众就会讲真话、实话、心里话。调查研究不能只是听听、转转、看看，要防止“作秀式”调研、扎堆调研，防止浮光掠影、人到心不到的“蜻蜓点水”式调研，防止自主性差、丧失主动权的“被调研”。无论是召开座谈会、研讨会，还是走访调查、蹲点调查、典型调查、实地考察，都要务实扎实、虚心求教。

真心解决问题。习近平总书记指出：“要提高调查研究能力，坚持问题导向，深入实际摸清真实情况，集合众智提出解决办法，努力使对策建议有的放矢、切中要害。”调查研究的目的是解决问题。全面建成社会主义现代化强国、实现第二个百年奋斗目标，以中国式现代化全面推进中华民族伟大复兴，是前无古人的开创性事业，需要研究和解决的重大问题很多，迫切需要各级领导干部扑下身子、沉到一线，深入农村、社区、企业、医院、学校、“两新”组织等基层单位，把脉问诊、解剖麻雀。要多到最困难的地方去，到群众意见多的地方去，到工作推不开的地方去。要防止调查多研究少、情况多分析少，提出的对策措施大而化之、空洞抽象。要把微观调研和宏观调研结合起来，把定性分析和定量分析结合起来，把调研重心放在梳理问题、排查难题、研机析理、找准症结、明确抓手上，形成问题清单、责任清单、任务清单，一条一条研究，一项一项解决。

真正举一反三。调查研究的过程，不仅是深入实际、弄清“实事”的过程，也是举一反三、深入“求是”的过程。2005 年 11 月 2 日，时任浙江省委书记的习近平同志在浙江省委政策研究室调研时强调：“关键是调查后要善于研究”“既要预见潮流所在和大势所趋，又能看到‘风起于青萍之末’的苗头性、倾向性问题；调研的过程必须是去粗取精、去伪存真、由此及彼、由表及里的精心分析和研究的过程”。提高调查研究质量，要坚持运用习近平新时代中国特色社会主义思想的世界观、方法论和贯穿其中的立场观点方法，通过交换、比较、反复，由感性认识上升为理性认识，把零散的认识系统化，把粗浅的认识深刻化，把握现象和本质、形式和内容、原因和结果、偶然和必然、可能和现实、内因和外因、共性和个性的关系，提出解决问题、促进工作、完善政策、建立机制、形成长效的思路举措。特别是对那些具有普遍性和制度性的问题、涉及改革发展稳定的深层次关键性问题以及难题积案和顽瘴痼疾等要研究透彻，从而在工作中胸中有“全景图”、手中有“工具箱”。

以高质量的调查研究推动高质量发展

习近平总书记指出：“紧紧围绕高质量发展这个全面建设社会主义现代化国家的首要任务，以强化理论学习指导发展实践，以深化调查研究推动解决发展难题，把学习和调研落实到完成党的二十大部署的各项任务中去，以推动高质量发展的新成效检验主题教育成果。”我们要全面贯彻习近平新时代中国特色社会主义思想，以高质量的调研推动高质量发展。

在深入调研中深刻领悟推动高质量发展的重大决策部署。要通过高质量的调研，从理论和实践结合上深入领会加快实现高水平科技自立自强是推动高质量发展的必由之路，加快构建新发展格局是推动高质量发展的战略基点，推进农业现代化是实现高质量发展的必然要求，人民幸福安康是推动高质量发展的最终目的；深入领会推动高质量发展“必须完整、准确、全面贯彻新发展理念”“必须更好统筹质的有效提升和量的合理增长”“必须坚定不移深化改革开放、深入转变发展方式”“必须以满足人民日益增长的美好生活需要为出发点和落脚点”“必须坚持和加强党的全面领导、坚定不移全面从严治党”；深入领会中国式现代化的中国特色、本质要求和重大原则，中国式现代化理论和全面建设社会主义现代化国家战略布局的关系，推进中国式现代化需要处理好的若干重大关系；深入领会全面建成社会主义现代化强国“两步走”的战略安排，深入实施科教兴国战略、人才强国战略、创新驱动发展战略、乡村振兴战略等一系列重大战略的重大意义；等等。

在深入调研中找准本地区本部门本单位影响和制约高质量发展的问题短板及其根源。通过高质量的调研，发现和系统梳理提高政治判断力、政治领悟力、政治执行力方面的差距，思想观念、思维方式、思路举措、工作方法方面的差距，深入贯彻新发展理念、加快构建新发展格局、推动高质量发展方面的差距，防风险、迎挑战、抗打压能力方面的差距，担当作为、干事创业方面的差距，宗旨意识、群众感情方面的差距，真正把自己摆进去、把职责摆进去、把工作摆进去。对照检视自身工作与党中央要求和群众愿望相比还存在哪些短板，找准问题症结，进行靶向治疗，及时提出并落实解决问题的举措办法。

在深入调研中增强推动高质量发展的担当和本领。习近平总书记指出：“这次主题教育，要教育引导广大党员、干部学思想、见行动，树立正确的权力观、政绩观、事业观，增强责任感和使命感，不断提高推动高质量发展本领、服务群众本领、防范化解风险本领”。要通过高质量的调研，进一步深刻领悟“两个确立”的决定性意义，增强“四个意识”、坚定“四个自信”、做到“两个维护”，把坚持和加强党中央集中统一领导落实到推动高质量发展全过程各方面；胸怀两个大局，胸怀“国之大者”，坚持问题导向与目标导向、效果导向相结合，不断提高推动高质量发展的系统性、整体性、协同性；加强理论学习、厚实理论功底，保持战略定力，做到谋划时统揽大局、推进中细致精当、实操时下足绣花功夫；加强对实践经验的总结和对新情况、新问题的调查研究，弄清楚它们是怎么产生的、变化发展的趋势怎样、应该如何因势利导，通过探索和总结提高思想水平和工作能力；发扬“功成不必在我、功成必定有我”的精神，保持锐意进取、敢为人先、迎难而上的奋斗姿态，在推动高质量发展中积极作为，为推进强国建设、民族复兴的历史伟业贡献智慧和力量。

《人民日报》（2023 年 05 月 23 日 09 版）

实干担当促进发展

——紧紧锚定开展主题教育的目标任务

人民日报评论部

“咱们今天一起想想咋沿着总书记指的好路子，结合村里实际情况，因地制宜、精准施策，把日子越过越红火。”在湖南省花垣县十八洞村，党支部书记和乡亲们围坐在一起，学思想、论村情、谋发展。9 年多前，习近平总书记在这里首提“精准扶贫”重要理念，引领深山苗寨实现从深度贫困村到全国乡村旅游示范村的巨变。如今，习近平总书记关于全面实施乡村振兴战略的一系列重要论述，又成为大伙儿致富路上的“金钥匙”。

实践性是马克思主义理论区别于其他理论的显著特征。习近平新时代中国特色社会主义思想扎根现实土壤、回应实践需求，从理论和实践的结合上深入回答关系党和国家事业发展、党治国理政的一系列重大时代课题，为新时代党和国家事业发展提供了根本遵循。实干担当促进发展，是学习贯彻习近平新时代中国特色社会主义思想主题教育五个方面具体目标之一。推动主题教育扎实开展，必须教育引导广大党员、干部胸怀“国之大者”，紧紧围绕新时代新征程党的中心任务，真抓实干、务求实效，聚焦问题、知难而进，以时时放心不下的责任感、积极担当作为的精气神为党和人民履好职、尽好责，以新气象新作为推动高质量发展取得新成效，依靠顽强斗争打开事业发展新天地。

理论的威力，只有付诸实践才能发挥出来。在“绿水青山就是金山银山”理念引领下，浙江省安吉县余村转变透支资源的发展方式，成为绿色低碳发展的佼佼者。以“加快推进能源生产和消费革命”为遵循，宁夏宁东能源化工基地不断扩大我国在煤炭加工转化领域的技术和产业优势，推动煤炭清洁高效利用。贯彻“抓实体经济一定要抓好制造业”的要求，徐工集团加强技术研发，220 吨全地面起重机的关键指标达到全球第一，国产化率达到 100%。党的十八大以来，党和国家事业之所以取得历史性成就、发生历史性变革，根本在于以习近平同志为核心的党中央坚强领导，在于习近平新时代中国特色社会主义思想科学指引。习近平新时代中国特色社会主义思想展真理之旗、掌时代之舵、扬复兴之帆，在实践中深刻改变了中国、深刻影响着世界。

新征程是充满光荣和梦想的远征，没有捷径，唯有实干。学习贯彻习近平新时代中国特色社会主义思想是新时代新征程开创事业发展新局面的根本要求。同过去相比，我们今天学习的任务不是轻了，而是更重了。面对前进路上的重大挑战、重大风险、重大阻力、重大矛盾，我们既要依靠学习提升能成事的真本领，也要依靠实践练就敢担当的宽肩膀。广大党员、干部要从习近平新时代中国特色社会主义思想中汲取奋发进取的智慧和力量，熟练掌握其中蕴含的领导方法、思想方法、工作方法，不断提高履职尽责的能力和水平，凝心聚力促发展，驰而不息抓落实，立足岗位作贡献，推动中国式现代化取得新进展新突破，充分彰显习近平新时代中国特色社会主义思想鲜明的实践品格。

道虽迩，不行不至；事虽小，不为不成。担当作为就要真抓实干、埋头苦干，决不能坐而论道、光说不练。在强国建设、民族复兴的新征程上，我们学思想、强党性、重实践、建新功，一步一个脚印把党的二十大作出的重大决策部署付诸行动、见之于成效，必能创造经得起历史和人民检验的实绩。

《人民日报》（2023 年 05 月 04 日 05 版）

如何始终保持干事创业精神状态

——深刻认识和着力破解大党必须解决的独有难题

黄俭

我们党已经走过百年辉煌历程，团结带领人民取得了举世瞩目的辉煌成就。如何始终保持干事创业精神状态，是我们党必须解决的独有难题。中国共产党从弱小到强大，中华民族从衰败凋零到欣欣向荣，都是党团结带领人民干出来的、奋斗出来的。只有始终保持干事创业精神状态，才能团结带领人民以中国式现代化全面推进中华民族伟大复兴。

能否始终保持干事创业精神状态，关系党和国家事业兴衰成败。中外历史上，执政者在承平日久后精神懈怠、不思进取，最终导致人亡政息的例子不胜枚举，留下极为深刻的教训。一个政党，在功成名就时不骄傲、不自满、不懈怠，始终保持干事创业精神状态不容易。一百多年来，我们党团结带领人民书写了中华民族几千年历史上最恢宏的史诗，但前进道路上还面临各种困难和挑战。一切贪图安逸、不愿继续艰苦奋斗的想法都是要不得的，一切骄傲自满、不愿继续开拓前进的想法都是要不得的。始终保持干事创业精神状态，我们党才能永葆先进性和纯洁性，永葆旺盛生命力和强大战斗力，顺利推进中国式现代化这项伟大而艰巨的事业。

在始终保持干事创业精神状态问题上，我们党一直有着清醒认识和强烈忧患意识。在中国革命即将取得全国胜利之际，毛泽东同志提出："务必使同志们继续地保持谦虚、谨慎、不骄、不躁的作风，务必使同志们继续地保持艰苦奋斗的作风"。新时代，习近平总书记强调："千万不能在一片喝彩声中迷失自我""始终保持革命者的大无畏奋斗精神，鼓起迈进新征程、奋进新时代的精气神""全力战胜前进道路上各种困难和挑战，依靠顽强斗争打开事业发展新天地"。党的十八大以来，我们党采取一系列举措提升党员干部干事创业精神状态：坚持党内集中教育和经常性教育相结合，激发党员干部干事创业内在动力；力戒形式主义、官僚主义，推动形成真抓实干工作作风；出台《关于进一步激励广大干部新时代新担当新作为的意见》《推进领导干部能上能下规定》等制度，用制度保障干事创业……广大党员干部干事创业的积极性主动性创造性大大提升。

党员干部干事创业的精神状态，是事业心、责任心、进取心和工作作风等的集中体现，直接影响党和国家各项事业发展，关乎党擘画的宏伟蓝图能否变为现实。新时代新征程的艰巨任务和宏伟目标，对党员干部的精神状态提出了更高要求。党员干部要始终保持干事创业精神状态，艰苦奋斗、奋发有为，敢于斗争、善于斗争，以事不避难、义不逃责的勇气担当，在经济社会发展主战场、基层第一线、服务群众最前沿勇挑重担、争创佳绩。

始终保持干事创业精神状态，首先要解决好想干的问题。党员干部要坚持不懈用习近平新时代中国特色社会主义思想凝心铸魂，在学习党的创新理论中提升党性修养，自觉做共产主义远大理想和中国特色社会主义共同理想的坚定信仰者和忠实实践者，不忘初心、牢记使命，更好肩负起自身的职责使命。其次要解决好能干的问题。在实现第二个百年奋斗目标进程中，不可避免会遇到许多新情况、新问题。没有相应的能力素质，在具有许多新的历史特点的伟大斗争面前就会乱了阵脚。党员干部要勤学苦练、增强本领，向书本学习、向实践学习、向群众学习，做到干什么学什么、缺什么补什么，弥补知识弱项、能力短板、经验盲区，以过硬本领展现担当作为。最后还要解决好敢干的问题。坚持严管和厚爱结合，激励和约束并重，完善落实容错纠错机制，保护党员干部干事创业的积极性。要为敢于善于斗争、敢于担当作为、敢抓善管不怕得罪人的干部撑腰鼓劲，看准的就要大胆使用。

《人民日报》（2023 年 02 月 28 日 09 版）

培养有理想敢担当能吃苦肯奋斗的新时代好青年

贺军科

党的二十大擘画了全面建设社会主义现代化国家、以中国式现代化全面推进中华民族伟大复兴的宏伟蓝图，充分展现了百年大党正青春、新的征程再出发、万众一心齐奋斗的宏阔气象。习近平总书记在党的二十大报告中指出：“当代中国青年生逢其时，施展才干的舞台无比广阔，实现梦想的前景无比光明”，殷切寄语广大青年“立志做有理想、敢担当、能吃苦、肯奋斗的新时代好青年”。这是党的领袖对青年一代发出的伟大号召，为新时代中国青年成长成才指明了方向。党旗所指就是团旗所向，共青团要引领广大青年自觉沿着习近平总书记指引的方向茁壮成长，扛起时代责任，引领凝聚青年、组织动员青年、联系服务青年，让青春在全面建设社会主义现代化国家的火热实践中绽放绚丽之花。

把牢“有理想”的首要标准，团结引领广大青年自觉沿着习近平新时代中国特色社会主义思想指引的方向奋勇前进

理想是指引青年成长进步的灯塔，青年的理想信念关乎国家未来。习近平总书记指出：“青年理想远大、信念坚定，是一个国家、一个民族无坚不摧的前进动力”，对青年坚定理想信念提出重要要求。回首历史，一代代青年坚定信念、紧跟党走，为争取民族独立、人民解放和实现国家富强、人民幸福贡献力量。在党的坚强领导下，在理想信念的指引下，一代代青年踔厉奋发、拼搏奋斗，成为实现中华民族伟大复兴征程上的先锋力量。

强国伟业前景无比美好，但前行道路不会一帆风顺。实现党的二十大确立的宏伟目标、完成党的二十大部署的各项任务，应对更为复杂严峻的风险挑战，需要亿万胸怀远大理想、一辈子坚持为之奋斗的有志青年。青年一代的理想信念、精神状态、综合素质，是一个国家发展活力的重要体现；青年一代有理想、有担当，国家就有前途，民族就有希望。新时代中国青年要树立对马克思主义的信仰、对中国特色社会主义的信念、对中华民族伟大复兴中国梦的信心，把自己的小我融入祖国的大我、人民的大我之中，让理想信念在创业奋斗中升华，让青春在创新创造中闪光。

真理之光照亮理想之路，青年一代坚定远大理想离不开科学理论的指引。习近平新时代中国特色社会主义思想开辟了马克思主义

中国化时代化新境界，为新时代党和国家事业取得历史性成就、发生历史性变革提供了科学思想指引，必将指引我们不断夺取全面建设社会主义现代化国家新胜利。共青团要全面贯彻习近平新时代中国特色社会主义思想，组织广大青年深入学习领悟习近平新时代中国特色社会主义思想的世界观和方法论，引导青年自觉运用贯穿其中的立场观点方法观察时代、把握时代，分析问题、解决问题，引导青年正确解答在理想和现实、主义和问题、利己和利他、小我和大我、民族和世界等方面遇到的思想困惑，让对党的真挚信赖、对国家的赤诚热爱、对崇高理想的不懈追求在青年心中深深扎根，自觉把青春梦融入中国梦，立志为打拼出一个更加美好的中国贡献青春的智慧和汗水。

突出“敢担当”的时代要求，团结引领广大青年在党和人民最需要的时刻冲得出来、顶得上去

青年有担当，是一个国家兴旺发达的希望所在。习近平总书记指出：“实现第二个百年奋斗目标也就是一两代人的事，我们正逢其时、不可辜负，要作出我们这一代的贡献。”这充分体现了党的领袖对人民、对民族、对历史的强烈担当，也饱含着对当代青年敢于担当的殷切期待。党的二十大对全面建成社会主义现代化强国两步走战略安排进行了宏观展望。从现在到本世纪中叶还有不到 30 年的时间，实现强国伟业的艰巨使命和历史重任历史性地落在了当代青年的肩上。

勇当先锋、勇挑重担，是中国青年的鲜明特质，是新时代中国青年的时代风采。新时代中国青年在脱贫攻坚战场摸爬滚打，在科技攻关岗位奋力攀登，在抢险救灾前线冲锋陷阵，在疫情防控一线披甲出征，在奥运竞技赛场奋勇争先，在保卫祖国哨位威武守护，用臂膀扛起如山的责任，展现出不怕苦、不畏难、不惧牺牲的青春担当。同时要看到，船到中流浪更急、人到半山路更陡，越是接近民族复兴的伟大目标，前进道路上的风险挑战就越是严峻。面对前进道路上风高浪急甚至惊涛骇浪的重大考验，当代青年尤其要发扬担当精神，在党和人民最需要的时刻冲得出来、顶得上去，主动担苦、担难、担重、担险，不断增强担当的意志和韧劲，提高担当的能力和本领。

强国之路必定充满艰辛，既要不断增强物质实力，又要充分焕发精神力量。共青团要引领广大青年增强志气、骨气、底气，不信邪、不怕鬼、不怕压，排除万难、争取胜利，在各自岗位上扛起责任，在担当中历练、在尽责中成长。要围绕中心、服务大局，不断深化和拓展“青”字号品牌项目，组织动员广大青年在科技创新最前沿、乡村振兴大舞台、服务社会第一线、网络空间舆论场、国际交往新天地、急难险重任务中施展抱负、建功立业，以实际行动担当起这一代青年的历史重任。

锤炼“能吃苦”的坚毅品格，团结引领广大青年在敢于斗争、善于斗争中展现刚健有为的精神风貌

苦难成就辉煌，困难磨砺青春。100 多年来，中国青年在党的

领导下，经受住了生与死、苦与乐、得与失的各种考验，从来没有被困难压垮。能吃苦，成为支撑一代代青年茁壮成长的宝贵精神财富。60多年前，河南林县，300名青年组成突击队，用17个月时间奋战红旗渠咽喉工程——青年洞，成为一代青年吃苦耐劳、战天斗地的缩影。2022年10月，习近平总书记在河南安阳红旗渠考察时强调："年轻一代要继承和发扬吃苦耐劳、自力更生、艰苦奋斗的精神，摒弃骄娇二气，像我们的父辈一样把青春热血镌刻在历史的丰碑上。"青年时代，选择吃苦也就选择了收获，选择奉献也就选择了高尚。青年要不怕吃苦，把艰苦环境、艰巨任务作为磨炼自己的机遇，把奋斗的足迹印在实现中华民族伟大复兴的征途上。

当代青年沐浴着新时代的阳光雨露，有了更好的生活条件，但肯吃苦、能吃苦的优良传统不能丢。能吃苦展现的是一种刚健自强、百折不挠的品格，是一种不惧困难、甘于奉献的精神。青年要磨砺能吃苦的品格和精神，勇于战胜一切困难，不被任何困难所压倒，在新时代的伟大斗争中创造新业绩、赢得新胜利。

温室大棚养不出参天大树，风雪磨砺方能成就松柏挺立。共青团要引领广大青年在思想上"准备吃苦"，引导他们认识到，幸福生活不会从天而降，社会主义是拼出来、干出来的，中华民族伟大复兴不会轻轻松松实现，新征程上必须继续艰苦奋斗。战胜困难、解决难题的过程，是真正长本事的过程，只有真正长了本事，才能担当重任、创造更大成绩。要引领广大青年在行动上"自找苦吃"，引导他们真正在内心深处把困难当财富、把吃苦当收获，主动到条件艰苦的基层、国家建设的一线、项目攻关的前沿，经受锻炼、增长才干，在经历大风大浪中磨砺品质、强壮筋骨，不怕困难、攻坚克难，敢于闯新路、创新业，以刚健有为的精神风貌不断开辟事业发展新天地。

弘扬“肯奋斗”的光荣传统，团结引领广大青年永久奋斗、团结奋斗

习近平总书记指出：“没有广大人民特别是一代代青年前赴后继、艰苦卓绝的接续奋斗，就没有中国特色社会主义新时代的今天，更不会有实现中华民族伟大复兴的明天。”奋斗是青春最亮丽的底色。一代代青年在党的领导下接续拼搏、勇毅前行，为中华民族迎来从站起来、富起来到强起来的伟大飞跃贡献了青春、建立了重要功勋。

实现中华民族伟大复兴是一场接力跑。在这场接力跑中，几代中国共产党人团结带领人民砥砺奋进，向历史交出了优异答卷。今天，我们比历史上任何时期都更接近中华民族伟大复兴的目标，比历史上任何时期都更有信心、有能力实现这个目标。民族复兴的使命要靠奋斗来实现，人生理想的风帆要靠奋斗来扬起。新时代是奋斗者的时代。当代青年要在青春的赛道上奋力奔跑、跑出最好成绩，就要勇于做走在时代前列的奋进者、开拓者、奉献者，把奋斗精神体现在做好每一件小事、完成好每一项任务、履行好每一项职责的实际行动中。

永久奋斗是中国青年运动的革命传统。共青团要团结带领广大青年在新时代继承和发扬这一光荣传统，既要讲好历代青年英模人物和英雄集体的奋斗故事，又要讲好当代青年向上向善向前的先进

事迹，使广大青年懂得幸福是奋斗出来的、奋斗的青春最美丽的道理，引导青年一代衣食无忧而不忘艰苦、岁月静好而不丢奋斗，把青春的奋斗热情激发出来，做永不停歇的奋斗者。团结奋斗是中国人民创造历史伟业的必由之路。要不断健全党领导下的以共青团为主导的青年组织体系，不断巩固和扩大青年爱国统一战线，把各族各界青年最广泛地组织起来，更加有效地把一切可以团结的海内外中华青年团结起来。聚焦青年关心的急难愁盼问题，扎实推动中长期青年发展规划实施，帮助青年解决各种操心事、烦心事，营造有利于青年发展进步的社会环境，推动建立鼓励青年脱颖而出的政策环境，推动广大青年自觉融入党和人民团结奋斗的历史洪流，争当伟大理想的追梦人，争做伟大事业的生力军。

习近平总书记强调："青年之于党和国家而言，最值得爱护、最值得期待""党和国家的希望寄托在青年身上"。新时代新征程，我们要紧密团结在以习近平同志为核心的党中央周围，深刻领悟"两个确立"的决定性意义，更加自觉地增强"四个意识"、坚定"四个自信"、做到"两个维护"，发扬革命加拼命的精神，砥砺实干加苦干的行动，引领广大青年听党话、跟党走，怀抱梦想又脚踏实地，敢想敢为又善作善成，在全面建设社会主义现代化国家、全面推进中华民族伟大复兴的新征程上，书写无愧于历史、无愧于人民的崭新青春篇章。

《人民日报》（2022 年 11 月 21 日 09 版）

保持历史耐心和战略定力

王萍

河北塞罕坝林场1962年建场以来，一代代塞罕坝人接续奋斗，把曾经“黄沙遮天日，飞鸟无栖树”的荒漠变为百万亩林海，创造了绿色奇迹。重庆市巫山县竹贤乡下庄村，村委会主任毛相林带领村民们用16年时间在山中修出一条道路，实现了走出大山、脱贫致富的梦想……无数事例表明，干事创业贵在保持耐心和定力。只要稳扎稳打、善作善成，向着目标不懈努力、砥砺前行，终能创造出辉煌业绩。当前，我国改革发展事业正处在逆水行舟、不进则退的关键时期，尤其需要保持足够的历史耐心和坚定的战略定力。

“骐骥一跃，不能十步；驽马十驾，功在不舍。”保持历史耐心，既要有“任凭风浪起，稳坐钓鱼船”的从容自信，又要有“千磨万击还坚劲，任尔东西南北风”的坚韧意志，还要有“千里之行，始于足下”的踏实稳健。保持历史耐心，并不是一味等待、消极懈怠、畏首畏尾，而是要在准确把握历史规律、时代大势、发展条件基础上科学谋划、积极作为、顺势而为，在一步一个脚印的扎实推进中破解难题、实现目标。现实中，一些人因追求短期利益、眼前利益而急躁冒进，或因一时遭遇困难而丧失信心，都是缺乏历史耐心的表现。

实现中华民族伟大复兴是久久为功的宏伟事业。中国共产党人对时间的理解，不是以十年、百年为计，而是以百年、千年为计。我们党为实现民族复兴开拓进取，探索形成中国特色社会主义道路这条实现民族复兴的康庄大道，并团结带领人民坚定不移沿着这条道路走下去，展现出充分的历史耐心和强大的战略定力。党的十八大以来，中华民族伟大复兴战略全局和世界百年未有之大变局相互交织、相互激荡，世界不稳定性不确定性因素增加，我国改革发展任务的系统性、复杂性、长期性越来越突出。在深刻复杂变化的形势下，在“黑天鹅”“灰犀牛”事件增多的情况下，我们坚持正确方向和道路，迎难而上、稳中求进，取得了历史性成就。我们在脱贫攻坚、污染防治、反腐败斗争等一系列大事难事上取得标志性成果，有力说明保持历史耐心和战略定力至关重要。

习近平总书记强调，要“致广大而尽精微”。“致广大”意味着从大处着眼，从全局、长远、大势上作出判断决策。“尽精微”意味着从小处入手，出实招、办实事，把过程的各环节、各方面做扎实。这正是保持历史耐心和战略定力所要做到的。要从战略高度审视问题、解决问题，善于辨析复杂现象的本质与内在机理。不被乱花迷眼、不被浮云遮眼，排除一切干扰，在坚守中磨练耐心、定力。同时要有脚踏实地的行动，从具体的现象中把握客观规律，在循序渐进中抓好落实，扎实做好打基础利长远的工作。站位要高、做事要实，既谋划长远又干在当下，既胸怀大局又落细落实，积跬步至千里，积小胜为大胜。

保持历史耐心和战略定力，还要把战略的坚定性和策略的灵活性结合起来。不仅要有战略谋划，有坚定意志，还要有策略、有智慧、有方法。解放战争后期，我们党领导进行土地改革。毛泽东同志提出，要根据不同的地区，采取不同策略。党细分了三种策略在不同地区推行，确保了土地改革的顺利进行，也赢得了广大农民的真诚拥护和支持。灵活的策略是执行正确战略、达到既定目标必不可少的条件。对于正确战略，要注意把握其要求，根据不同地区不同部门实际情况制定具体策略。同时要实事求是地分析内外环境、发展条件的变与不变，与时俱进地审视策略，及时调整和改进策略，以适应事业发展的实际需要。对策略定期评估总结，对于偏离正确战略的要及时纠正，使战略与策略保持动态统一，从而更好抓住机遇、推动发展。

《人民日报》（2022 年 07 月 26 日 11 版）

拓展阅读

以学增智，提升实践能力
——推动主题教育取得实实在在的成效

仲音

强化理论武装，深入开展调查研究，扑下身子、沉到一线接地气；突出问题导向，建立民生项目清单，着力解决人民群众急难愁盼问题……学习贯彻习近平新时代中国特色社会主义思想主题教育正在全党深入开展，各地区各部门坚持学思用贯通、知信行统一，切实把学习成效转化为做好本职工作、推动事业发展的生动实践。

为学之实，固在践履。习近平总书记在听取陕西省委和省政府工作汇报时对开展主题教育提出明确要求，对“以学增智”作出深刻阐释，强调“要提升实践能力”。奋进在充满光荣和梦想的新征程上，面对错综复杂的国际国内形势、艰巨繁重的改革发展稳定任务、各种不确定难预料的风险挑战，广大党员干部要把思想和行动统一到习近平总书记重要讲话精神上来，自觉践行习近平新时代中国特色社会主义思想，从党的科学理论中悟规律、明方向、学方法、增智慧，把看家本领、兴党本领、强国本领学到手，解决经济社会发展和党的建设中存在的各种矛盾问题，防范化解重大风险，推动中国式现代化取得新进展新突破。

理论的价值在于指导实践，实践性是马克思主义理论区别于其他理论的显著特征。党的十八大以来，从提出精准扶贫理念，推动中国减贫事业取得巨大成就，到提出全过程人民民主重大理念，有力保障人民当家作主；从把生态文明建设纳入中国特色社会主义事业“五位一体”总体布局，让广袤中华大地天更蓝、山更绿、水更清，到提出以人民为中心的发展思想，实现人民生活全方位改善……习近平新时代中国特色社会主义思想坚持马克思主义科学性和实践性的有机统一，深刻回答了新时代党和国家发展面临的一系列重大理论和现实问题，贯穿着强烈的问题意识、鲜明的实践导向。正是在这一思想的科学指引下，我们党团结带领亿万人民攻克了一个个看似不可攻克的难关险阻，创造了一个个令人刮目相看的人间奇迹。坚持以学增智、提升实践能力，就要发扬理论联系实际的优良学风，全面把握习近平新时代中国特色社会主义思想一系列新理念新思想新战略的实践要求，真切感悟科学理论的真理力量和实践伟力，把这一思想变成改造主观世界和客观世界的强大思想武器。

绳短不能汲深井，浅水难以负大舟。党和国家事业越发展，对领导干部的能力要求就越高。习近平总书记强调：“中国式现代化是前无古人的开创性事业，需要我们探索创新。这对各级党组织和领导干部的素质能力提出了新的更高要求，对我们的精神状态、作风形象提出了新的更高要求。”只有学懂弄通做实习近平新时代中国特色社会主义思想，熟练掌握其中蕴含的领导方法、思想方法、工作方法，不断提高履职尽责的能力和水平，才能创造经得起历史和人民检验的实绩。坚持以学增智、提升实践能力，就要紧紧围绕新时代新征程党的中心任务，增强推动高质量发展、服务群众、防范化解风险本领，加强斗争精神和斗争本领养成，着力增强防风险、迎挑战、抗打压能力，以时时放心不下的责任感、积极担当作为的精气神为党和人民履好职、尽好责，以新气象新作为推动高质量发展取得新成效，依靠顽强斗争打开事业发展新天地。

领导干部的专业化水平，是党领导发展能力和水平的重要支撑。现在，我国发展领域不断拓宽、分工日趋复杂、形态更加高级、国际国内联动更加紧密，对党领导发展的能力和水平提出了更高要求。无论是分析形势还是作出决策，无论是破解发展难题还是解决涉及群众利益的问题，都需要专业思维、专业素养、专业方法。没有金刚钻，揽不了瓷器活。坚持以学增智、提升实践能力，就要深入学习贯彻习近平新时代中国特色社会主义思想，及时填知识空白、补素质短板、强能力弱项，不断提高专业化水平。广大党员干部要以时不我待的精神，抓紧学习掌握各方面知识，特别是要提高把握新发展阶段、贯彻新发展理念、构建新发展格局的政治能力、战略眼光、专业水平，努力成为所在工作领域的行家里手，使各项工作更好体现时代性、把握规律性、富于创造性。

“我们的干部要上进，我们的党要上进，我们的国家要上进，我们的民族要上进，就必须大兴学习之风，坚持学习、学习、再学习，坚持实践、实践、再实践。”以主题教育为契机，从习近平新时代中国特色社会主义思想中汲取奋发进取的智慧和力量，把所学所悟转化为解决各种复杂问题、应对各种风险挑战的能力，转化为锐意进取、担当有为的精神状态，转化为奋进新征程、建功新时代的务实行动，就一定能够在推进中国式现代化的伟大实践中书写新辉煌、创造新业绩。

《人民日报》（2023年05月26日01版）

传承历史经验 掌握历史主动

北京市习近平新时代中国特色社会主义思想研究中心

习近平总书记指出："要坚持唯物史观和正确党史观，从党的百年奋斗中看清楚过去我们为什么能够成功、弄明白未来我们怎样才能继续成功，从而更加坚定、更加自觉地践行初心使命，在新时代更好坚持和发展中国特色社会主义。"党的十九届六中全会通过的《中共中央关于党的百年奋斗重大成就和历史经验的决议》（以下简称《决议》），全面反映了党百年来始终掌握历史主动的生动实践，深刻揭示了党始终掌握历史主动的根本原因，为我们在新征程上正确判断形势、科学预见未来、掌握历史主动提供了科学指引。

全面反映党掌握历史主动的生动实践

习近平总书记指出："历史发展有其规律，但人在其中不是完全消极被动的。只要把握住历史发展规律和大势，抓住历史变革时机，顺势而为，奋发有为，我们就能够更好前进。"我们党披荆斩棘、栉风沐雨的百年奋斗史充分表明：发扬历史主动精神，发扬担当和斗争精神，中国共产党就能在攻坚克难中不断从胜利走向胜利。

发扬历史主动精神，对近代以来的中国极为重要。从中国共产党登上中国政治舞台的那一刻起，中国人民开始从精神上由被动转为主动，中华民族开始艰难地但不可逆转地走向伟大复兴。

《决议》全面总结了百年来我们党领导人民创造的新民主主义革命的伟大成就、社会主义革命和建设的伟大成就、改革开放和社会主义现代化建设的伟大成就、新时代中国特色社会主义的伟大成就，全面反映了我们党始终掌握历史主动的生动实践。从党在社会主义兴起的世界大势中产生，到抗日战争时期从世界反法西斯战争和中国人民抗日救亡强烈愿望的大势出发促成了抗日民族统一战线；从顺应社会主义发展壮大、亚非拉民族解放运动风起云涌的时代大潮建立和巩固中华人民共和国，到深刻洞察世界经济科技快速发展时代潮流作出改革开放的重大决策，我们党始终发扬历史主动精神，牢牢掌握历史主动。党的十八大以来，以习近平同志为核心的党中央，统筹中华民族伟大复兴战略全局和世界百年未有之大变局，以伟大的历史主动精神、巨大的政治勇气、强烈的责任担当，攻克了许多长期没有解决的难题，办成了许多事关长远的大事要事，推动党和国家事业取得历史性成就、发生历史性变革。百年来，党展现出伟大的历史主动精神，不管形势和任务如何变化，不管遇到什么样的惊涛骇浪，始终掌握历史主动、锚定奋斗目标，沿着正确方向坚定前行。

党的百年奋斗历程也充分表明，党对自身历史经验的总结必然伴随党和人民主动推动历史发展的进程而不断深化，党的历史主动精神必然伴随对历史经验认识的深化得到进一步发扬。新民主主义革命时期，党的六届七中全会通过《关于若干历史问题的决议》，使全党对中国革命基本问题的认识达到了一致，增强了全党团结，激发了全党的历史主动精神，有力促进了中国革命事业发展。改革开放和社会主义现代化建设新时期，党的十一届六中全会通过《关于建国以来党的若干历史问题的决议》，统一了全党思想，使党进一步掌握了历史主动，对推动党团结一致向前看、更好推进改革开放和社会主义现代化建设产生了重大影响。在党成立 100 周年的重要历史时刻，在党和人民胜利实现第一个百年奋斗目标、全面建成小康社会，正在向着全面建成社会主义现代化强国的第二个百年奋斗目标迈进的重大历史关头，《决议》全面总结党的百年奋斗重大成就和历史经验，对推动全党进一步统一思想、统一意志、统一行动，团结带领全国各族人民夺取新时代中国特色社会主义新的伟大胜利，具有重大现实意义和深远历史意义。

深刻揭示党掌握历史主动的根本原因

《决议》概括提炼的“十个坚持”历史经验，是坚持辩证唯物主义和历史唯物主义，坚持正确党史观、树立大历史观得出的科学结论。习近平总书记指出，这十条历史经验“揭示了党始终掌握历史主动的根本原因”。我们要从党和人民事业不断成功的根本保证、党始终立于不败之地的力量源泉的高度，深刻理解“十个坚持”历史经验是党始终掌握历史主动的根本原因所在。

始终注重发挥自身独特优势。在百年奋斗历程中，我们党之所以能够始终掌握历史主动，根本在于党自身所具有的独特优势。从“坚持党的领导”到“坚持自我革命”，“十个坚持”历史经验深刻揭示了我们党自身所具有的独特优势。比如，“坚持敢于斗争”这一历史经验，深刻揭示了我们党为了人民、国家、民族，为了理想信念，无论敌人如何强大、道路如何艰险、挑战如何严峻，党总是绝不畏惧、绝不退缩，不怕牺牲、百折不挠，这是我们党自身的独特优势。又如，“坚持自我革命”这一历史经验，深刻揭示了勇于自我革命是我们党区别于其他政党的显著标志，自我革命精神是党永葆青春活力的强大支撑，这是我们党自身的独特优势。我们党注重发挥自身独特优势，当外部条件有利时，能够发扬历史主动精神推动党和人民事业高歌猛进；当外部条件不利甚至出现危机时，依然能够发扬历史主动精神，通过顽强斗争，在一次又一次危中寻机、化危为机中不断掌握历史主动。

始终代表人民的根本利益。人民是历史的创造者。能否牢牢掌握历史主动，关键看能否得到人民群众的拥护和支持。我们党来自人民，党的根基和血脉在人民，为人民而生，因人民而兴，始终同人民在一起，为人民利益而奋斗。“十个坚持”历史经验强调“坚持人民至上”，强调党代表中国最广大人民根本利益，没有任何自己特殊的利益，从来不代表任何利益集团、任何权势团体、任何特权阶层的利益，这是党立于不败之地的根本所在。正是因为我们党始终坚持一切为了人民、一切依靠人民，坚持为人民执政、靠人民执政，坚持发展为了人民、发展依靠人民、发展成果由人民共享，才能始终得到人民群众的拥护和支持，牢牢掌握历史主动。

始终保持政治上的主动。习近平总书记强调：“我们党领导人民进行革命、建设、改革的历史进程反复证明了一个道理：政治上的主动是最有利的主动，政治上的被动是最危险的被动。”“十个坚持”历史经验，每一个坚持都是重大政治问题，任何一个方面出现问题，都有可能导致全局性战略性错误。百年来，我们党善于从政治上看问题，善于把握政治大局，教育引导广大党员干部增强政治意识、坚定政治方向、站稳政治立场，坚决贯彻执行党的政治路线，推动全党始终保持统一的思想、坚定的意志、协调的行动、强大的战斗力。保持政治上的主动，就能牢牢掌握历史主动。

在新的赶考之路上牢牢掌握历史主动

把握历史规律、掌握历史主动，是党总结历史经验的重要出发点，也是党坚持历史经验的重要落脚点。在实现第二个百年奋斗目标新的赶考之路上，我们必须倍加珍惜、长期坚持，不断丰富和发展“十个坚持”历史经验，将其作为掌握历史主动的重要思想武器。

始终坚持党的领导。历史和现实都证明，没有中国共产党，就没有新中国，就没有中华民族伟大复兴。治理好我们这个世界上最大的政党和人口最多的国家，必须坚持党的全面领导特别是党中央集中统一领导。坚持和运用“十个坚持”历史经验，要深刻领悟“两个确立”的决定性意义，进一步增强“四个意识”、坚定“四个自信”、做到“两个维护”，坚持党的全面领导不动摇，把党的领导落实到党和国家事业各领域各方面各环节，确保党始终总揽全局、协调各方。

不断巩固思想基础。马克思主义是我们立党立国、兴党强国的根本指导思想，习近平新时代中国特色社会主义思想是当代中国马克思主义、二十一世纪马克思主义，是中华文化和中国精神的时代精华，实现了马克思主义中国化新的飞跃。在新时代新征程上坚持和运用“十个坚持”历史经验，要全面贯彻习近平新时代中国特色社会主义思想，在学懂弄通做实上下功夫，更加自觉地坚持以习近平新时代中国特色社会主义思想为指导，奋力夺取全面建设社会主义现代化国家新胜利。

始终锚定既定目标。人们的实践活动总是有目标的，目标是调动人的主动性的重要动力，目标的实现程度是衡量人处于主动或被动的重要标尺。到2035年基本实现社会主义现代化，到本世纪中叶把我国建成社会主义现代化强国，是新时代新征程的既定目标，也是我们党总结“十个坚持”历史经验的根本指向。我们要以咬定青山不放松的执着奋力实现既定目标，以行百里者半九十的清醒推进党和人民事业不断向前发展。

努力振奋历史主动精神。我们党依靠斗争创造历史，更要依靠斗争赢得未来。敢于斗争、敢于胜利是历史主动精神的重要体现。在新的赶考之路上坚持和运用“十个坚持”历史经验，牢牢掌握历史主动，必须勇于进行具有许多新的历史特点的伟大斗争，把握新的伟大斗争的历史特点，发扬斗争精神，把握斗争方向，把握斗争主动权，坚定斗争意志，掌握斗争规律，增强斗争本领，不断夺取新时代伟大斗争的新胜利。

永远保持党的先进性和纯洁性。党领导人民战胜一个又一个艰难险阻，取得一个又一个伟大成就，历经百年沧桑更加充满活力，始终得到人民群众拥护和支持，原因就在于党敢于直面自身存在的问题，始终保持先进性和纯洁性。在新的赶考之路上牢牢掌握历史主动，必须坚持和运用“十个坚持”历史经验，不断清除一切损害党的先进性和纯洁性的因素，不断清除一切侵蚀党的健康肌体的病毒，确保党在新时代坚持和发展中国特色社会主义的历史进程中始终成为坚强领导核心。

（执笔：齐彪）

《人民日报》（2022 年 09 月 22 日 09 版）

科学把握功成的“有我”与“无我”

宁波　董伟

为政之道，首要在政绩观。党的十八大以来，习近平总书记多次强调树立正确政绩观，并要求领导干部：“有功成不必在我的精神境界、功成必定有我的历史担当，发扬钉钉子精神，脚踏实地干”。功成不必在我、功成必定有我，彰显了一代代中国共产党人脚踏实地、接续奋斗的境界和担当。新时代，领导干部为党尽责、为民造福，必须有这样的境界和担当。

一切伟大成就都是接续奋斗的结果，一切伟大事业都需要在继往开来中推进。回顾历史，无论处于顺境还是逆境，我们党为了实现中华民族伟大复兴、为了让人民过上更加幸福的生活而矢志不渝奋斗，坚持一件事情接着一件事情办、一年接着一年干，将“一张蓝图绘到底”。一代代中国共产党人抱着为下一代跑出一个更好成绩的信念，前赴后继、锲而不舍地接续奋斗。功成不必在我，并不是消极怠政、不作为，而是既要做让老百姓看得见、摸得着、得实惠的实事，也要做为后人作铺垫、打基础、利长远的好事；既要做显功，也要做潜功。这就要求领导干部不计较个人一时功名，而是追求人民群众的好口碑、历史沉淀之后公正的评价。现实中，个别领导干部“不是自己开头的不为，一定要刻上自己政绩印记的才干”，热衷搞“形象工程”“政绩工程”，既破坏工作稳定性和连续性，又劳民伤财，损害的是人民群众的根本利益。为官一方，为政一时，既要大胆开展工作、锐意进取，又要保持大局稳定和工作连续性，不能仅仅为了显示自己的政绩“另起炉灶”，而应不慕虚荣、不务虚功、不图虚名，为人民群众创造实实在在的业绩。

解决经济社会发展中一些长期存在的难题需要久久为功，但不能因此就拖延、不作为。领导干部要有功成必定有我的历史担当，干好自己该干的事，促进问题更好更快解决，实现既定目标，在事业发展进程中留下无悔的奋斗足迹。功成必定有我，彰显的是强烈的历史主动精神。遇到困难和挑战，不能畏首畏尾，更不能将其留给后人，而要抓铁有痕、踏石留印，以钉钉子精神一步一个脚印向前推进。业绩都是干出来的，真干才能真出业绩、出真业绩。要发扬真抓实干的工作作风，力戒空谈、精准发力，围绕改革发展稳定各项任务和人民群众的急难愁盼，开展深入细致的调查研究，解决好人民群众最关心最直接最现实的利益问题，真正把功夫下到察实情、出实招、办实事、求实效上。

习近平总书记指出：“树立和践行正确政绩观，起决定性作用的是党性。”只有加强党性修养、摒弃私心杂念，才能保证政绩观不出偏差。我们党除了最广大人民的根本利益，没有自己特殊的利益。始终把人民放在心中最高位置，心系党、心系人民、心系国家，自然就会心胸开阔、眼界高远，对个人的名誉、地位、利益就会想得透、看得淡。为民造福是共产党人的最大政绩。政绩好不好，要看群众实际感受，由群众来评判。要不为小我所困、不为私利所惑，把以人民为中心的发展思想贯彻到实处，把好事实事做到群众心坎上。什么是好事实事，也要从群众切身需要来考量，不能主观臆断简单化、片面化，而应以大局观念、系统思维把眼前利益和长远利益、局部利益和全局利益结合起来，制定实施得人心、暖人心、稳人心的政策举措，切实解决人民群众所需所急所盼，让人民群众对美好生活的向往不断变为现实。

《人民日报》（2022 年 07 月 05 日 09 版）

“力戒形式主义、官僚主义”

——树立和践行正确政绩观

仲音

迎来送往少了，“沉下去”察民情、惠民生的多了；在手机上“盯群”“爬楼”的少了，奔一线办实事、抓落实的时间多了……一段时间以来，各地各部门深化整治形式主义、官僚主义，引导党员、干部把时间精力投入到干事创业中，凝聚起实干兴邦正能量。

“要坚持真抓实干、狠抓落实，一切工作都要往实里做、做出实效，不好高骛远、不脱离实际，力戒形式主义、官僚主义”“多做为民造福的实事好事，杜绝装样子、搞花架子、盲目铺摊子”“坚决杜绝口号式、表态式、包装式落实的做法”……习近平总书记一系列重要指示，成为广大党员、干部树立和践行正确政绩观的重要遵循。干事创业要求真务实、真抓实干，做工作要自觉从人民利益出发，决不能为了树立个人形象，搞华而不实、劳民伤财的形象工程、政绩工程。

形式主义、官僚主义是党和国家事业发展的大敌。热衷于作秀的装样子、要“面子”不要“里子”的花架子、盲目追求高指标的铺摊子……诸如此类问题会造成人力、物力、财力和时间的浪费，助长弄虚作假、投机取巧的心理和好大喜功的浮夸作风，严重损害党和政府的威信。追根究底，形式主义的根源是政绩观错位、责任心缺失，官僚主义的根源是官本位思想严重、权力观扭曲。树立和践行正确政绩观，必须从思想和利益根源上破解形式主义、官僚主义问题，从讲政治的高度来把握求真务实、真抓实干的要求，努力做到谋事实、创业实、做人实。

坚持一切从实际出发，是我们想问题、作决策、办事情的出发点和落脚点。形式主义、官僚主义问题的一个集中表现，就在于一些人思想上脱离实际、忽视规律，行动上虚夸浮躁、急功近利。陈云同志曾指出：“讲实事求是，先要把‘实事’搞清楚。”坚持从实际出发谋实事，前提是深入实际、了解实际，关键在掌握调查研究这个基本功。党员、干部务须把真实情况掌握得更多一些、把客观规律认识得更透一些，克服浮躁情绪，抛弃私心杂念，使点子、政策、方案符合实际情况、符合客观规律、符合科学精神。

工作是干出来的，不是喊出来的；业绩是做出来的，不是说出来的。形式主义、官僚主义注定干不成事。焦裕禄跑遍兰考上千个沙丘寻求治沙之法，孔繁森在雪域高原跋涉数万公里摸索发展之策，石光银与荒沙碱滩抗争40年寻找致富之方，惟有真抓实干、狠抓落实才能开辟发展坦途。面对改革发展稳定的艰巨任务，脚踏实地、久久为功，勇于直面矛盾，善于解决问题，是每个党员、干部的应尽之责。

谋事要实、创业要实，归根结底在于做人要实。做人不实，就无法戒骄戒躁、不务虚功。共产党员和领导干部只有做到人品上老老实实，才能有工作上的求真务实，也才能有人格上的巨大魅力。把老实做人、做老实人当作人生信条，贯穿和体现到工作、学习、生活的各个方面，方能力戒形式主义、官僚主义，为人生行稳致远、事业开拓新局筑牢基底。

党和国家事业发展，离不开全党脚踏实地、真抓实干。习近平总书记强调："我们是'行动党'，不是'口号党'，要求真务实、讲真话、办实事"。奋进新征程、建功新时代，以实干赢得民心，以实绩护航发展，就一定能成就未来。

《人民日报》（2022年04月11日04版）

第四编

起决定性作用的是党性

“起决定性作用的是党性”

强化党性锤炼，坚定理想信念，坚持不懈用习近平新时代中国特色社会主义思想凝心铸魂

以学铸魂，坚定理想信念
——推动主题教育取得实实在在的成效

仲音

“开展主题教育是今年党的建设的重大任务。各级党组织要坚决贯彻落实党中央的工作部署，教育引导党员、干部在以学铸魂、以学增智、以学正风、以学促干上下功夫见实效。”习近平总书记近日在广东考察时围绕“以学铸魂”提出明确要求，强调“坚定理想信念”“铸牢对党忠诚”“站稳人民立场”。

理论上的成熟是政治上成熟的基础，政治上的坚定源于理论上的清醒。习近平新时代中国特色社会主义思想是当代中国马克思主义、二十一世纪马克思主义，是中华文化和中国精神的时代精华。新时代这十年，有涉滩之险，有爬坡之艰，有闯关之难，正是因为有习近平总书记掌舵领航，有习近平新时代中国特色社会主义思想科学指引，亿万人民才有了团结奋斗的“主心骨”，有了思想上的“定盘星”、行动上的“指南针”。实践充分证明，中国共产党为什么能，中国特色社会主义为什么好，归根到底是马克思主义行，是中国化时代化的马克思主义行。

当前，我国发展面临新的战略机遇、新的战略任务、新的战略阶段、新的战略要求、新的战略环境。置身民族复兴的关键一程，面对加速演进的百年变局，推进前无古人的伟大事业，唯有用科学理论武装头脑，方能坚定信仰信念、把握历史主动；唯有凝聚在真理的旗帜下，才能不惧惊涛骇浪、坚定勇毅前行。习近平总书记强调：“以学铸魂，就是要做好学习贯彻新时代中国特色社会主义思想的深化、内化、转化工作，从思想上正本清源、固本培元，筑牢信仰之基、补足精神之钙、把稳思想之舵。”凝心铸魂筑牢根本，教育引导广大党员、干部经受思想淬炼、精神洗礼，这既是开展主题教育的重要目标，也是党和国家事业从胜利走向新的胜利的有力保证。

理想信念是中国共产党人的精神支柱和政治灵魂。习近平总书记反复强调：“理想信念是共产党人精神上的‘钙’，共产党人如果没有理想信念，精神上就会‘缺钙’，就会得‘软骨病’”。新冠疫情来势汹汹，我们党以强烈的历史担当和强大的战略定力团结带领人民同心抗疫；改革发展稳定任务艰巨繁重，我们党坚定信心、迎难而上确保党和国家事业风雨无阻向前进；国际环境急剧变化，我们党在斗争中维护国家尊严和核心利益……极不寻常、极不平凡的十年，正是因为始终坚定理想信念、牢记初心使命，我们党咬定目标不放松、越是艰险越向前。新征程上，要战胜各种可以预料和难以预料的风险挑战、艰难险阻甚至惊涛骇浪，夺取新时代中国特色社会主义新胜利，依然要靠全党全国人民坚定的理想信念和坚强的革命意志。

坚定的理想信念从何而来？关键要建立在对马克思主义的深刻理解之上，建立在对历史规律的深刻把握之上。要全面学习领会习近平新时代中国特色社会主义思想，不断增进对党的创新理论的政治认同、思想认同、理论认同、情感认同，坚定对马克思主义的信仰、对中国特色社会主义的信念、对实现中华民族伟大复兴中国梦的信心。要自觉用习近平新时代中国特色社会主义思想改造主观世界，深刻领会这一思想关于坚定理想信念、提升思想境界、加强党性锻炼等一系列要求，始终保持共产党人的政治本色。增强对党的价值追求和前进方向的高度政治认同，把好世界观、人生观、价值观这个"总开关"，就能在大是大非面前旗帜鲜明，在风浪考验面前无所畏惧，在各种诱惑面前立场坚定，在关键时刻让党信得过、靠得住、能放心。

拥有马克思主义科学理论指导是我们党坚定信仰信念、把握历史主动的根本所在。奋进强国建设、民族复兴新征程，坚持不懈用习近平新时代中国特色社会主义思想凝心铸魂，把这一思想转化为坚定理想、锤炼党性和指导实践、推动工作的强大力量，务必不忘初心、牢记使命，务必谦虚谨慎、艰苦奋斗，务必敢于斗争、善于斗争，就一定能把党锻造成一块攻无不克、战无不胜的坚硬钢铁，创造经得起历史和人民检验的实绩。

《人民日报》（2023 年 04 月 17 日 01 版）

强党性，始终保持共产党人的政治本色
——牢牢把握主题教育总要求

人民日报评论部

“革命不怕死，怕死不革命！”面对敌人在审讯时“你不怕死？”的质问，中国共产党早期党员傅烈给出斩钉截铁的回答。即便受尽酷刑，数次被折磨得昏死过去，傅烈仍咬紧牙关：“砍断我的头颅，也休想从我身上得到你们需要的片言只字！”在牺牲前，他给妻子留下一封家书，在信的末尾写道：“拼将七尺男儿血，争得神州遍地红。”坚贞不屈的意志、铁骨铮铮的誓言，闪耀着党性的光辉，彰显中国共产党人的政治本色。

党性是党员干部立身、立业、立言、立德的基石。在学习贯彻习近平新时代中国特色社会主义思想主题教育工作会议上，习近平总书记对主题教育各项工作作出全面部署，对开展主题教育的总要求作出深刻阐释，其中一个方面就是“强党性”。开展这次主题教育，要自觉用习近平新时代中国特色社会主义思想改造主观世界，深刻领会这一思想关于坚定理想信念、提升思想境界、加强党性锻炼等一系列要求，始终保持共产党人的政治本色。

中国共产党是靠共同的革命理想凝聚起来的政治组织，理想信念是共产党人的政治灵魂和安身立命之本。习近平总书记强调：“我常说要修炼共产党人的‘心学’，坚持学思用贯通、知信行统一，其中一个重要目的就是要求党员干部坚定理想信念、增强党性。”怀揣“共产党员就是要干一辈子，我的梦想就是把家乡建设好”的志向，黄大发带领群众在绝壁凿出“生命渠”、用实干兑现“水过不去、拿命来铺”的誓言；立志“把知识和能力全部贡献出来”，李保国三十五年如一日扎根太行山、用科技把荒山秃岭抛进历史……坚定的理想信念，永远是激励我们奋勇向前、克难制胜的力量源泉。在主题教育中，广大党员、干部必须经受思想淬炼、精神洗礼，坚定对马克思主义的信仰、对中国特色社会主义的信念、对实现中华民族伟大复兴中国梦的信心，弘扬伟大建党精神，务必不忘初心、牢记使命，务必谦虚谨慎、艰苦奋斗，务必敢于斗争、善于斗争，筑牢信仰之基、补足精神之钙、把稳思想之舵。

对党忠诚，是共产党人首要的政治品质。我们党一路走来，经历了无数艰险和磨难，但任何困难都没有压垮我们，任何敌人都没能打倒我们，靠的就是千千万万党员的忠诚。开展这次主题教育，广大党员、干部要锤炼品格强化忠诚，以党的旗帜为旗帜、以党的意志为意志、以党的使命为使命，始终忠诚于党、忠诚于人民、忠诚于马克思主义，真心爱党、时刻忧党、坚定护党、全力兴党。必须不断提高政治判断力、政治领悟力、政治执行力，更加自觉深刻领悟“两个确立”的决定性意义，增强“四个意识”、坚定“四个自信”、做到“两个维护”，始终在思想上政治上行动上同以习近平同志为核心的党中央保持高度一致，做到心往一处想、劲往一处使，共同把党锻造成一块攻无不克、战无不胜的坚硬钢铁。

清正廉洁是共产党人的政治本色，永葆清正廉洁政治本色是加强党性修养的重要内容。心有所畏，方能言有所戒、行有所止。一个干部只有把世界观、人生观、价值观的总开关拧紧了，把思想觉悟、精神境界提高了，才能从不敢腐到不想腐。开展这次主题教育，广大党员、干部必须增强纪律意识、规矩意识，持续纠治“四风”，把纠治形式主义、官僚主义摆在更加突出的位置，做到公正用权、依法用权、为民用权、廉洁用权，推动形成清清爽爽的同志关系、规规矩矩的上下级关系、亲清统一的新型政商关系，当好良好政治生态和社会风气的引领者、营造者、维护者。

理想信念的坚定，来自思想理论的坚定。习近平总书记深刻指出：“干部的党性修养、道德水平，不会随着党龄工龄的增长而自然提高，也不会随着职务的升迁而自然提高，必须强化自我修炼、自我约束、自我改造。”加强党性修养是党员干部一生的必修课。坚持学思用贯通、知信行统一，把习近平新时代中国特色社会主义思想转化为坚定理想、锤炼党性和指导实践、推动工作的强大力量，始终保持统一的思想、坚定的意志、协调的行动、强大的战斗力，我们党就一定能团结带领人民创造新的更大奇迹。

《人民日报》（2023 年 04 月 12 日 05 版）

紧紧锚定开展主题教育的目标任务

——论学习贯彻习近平总书记在主题教育工作会议上重要讲话

人民日报评论员

我们这么大一个党，领导着这么大一个国家，肩负着带领全国各族人民实现国家强盛、民族复兴这个艰巨任务，必须坚持用党的创新理论武装全党，用以统一思想、统一意志、统一行动。在学习贯彻习近平新时代中国特色社会主义思想主题教育工作会议上，习近平总书记强调开展这次主题教育“根本任务是坚持学思用贯通、知信行统一，把新时代中国特色社会主义思想转化为坚定理想、锤炼党性和指导实践、推动工作的强大力量，使全党始终保持统一的思想、坚定的意志、协调的行动、强大的战斗力，努力在以学铸魂、以学增智、以学正风、以学促干方面取得实实在在的成效”，并明确提出了具体要达到的5个方面目标。

习近平新时代中国特色社会主义思想内容涵盖改革发展稳定、内政外交国防、治党治国治军等方方面面，构成一个完整的科学体系。我们既要全面系统地学习掌握这一思想的主要内容，又要整体把握这一思想的科学体系，做到融会贯通。习近平新时代中国特色社会主义思想是改造主观世界和客观世界的强大思想武器，只有把这一思想的世界观、方法论和贯穿其中的立场观点方法转化为自己的思想武器，用以改造客观世界、推动事业发展，用以观察时代、把握时代、引领时代，才能解决经济社会发展和党的建设中存在的各种矛盾问题，努力创造经得起历史和人民检验的实绩。紧紧锚定开展主题教育的根本任务，具体达到凝心铸魂筑牢根本、锤炼品格强化忠诚、实干担当促进发展、践行宗旨为民造福、廉洁奉公树立新风的目标，着力解决理论学习、政治素质、能力本领、担当作为、工作作风、廉洁自律等6个方面的问题，才能不断把学习贯彻习近平新时代中国特色社会主义思想引向深入，推动主题教育取得实实在在的成效。

理想信念是中国共产党人的精神支柱和政治灵魂，也是保持党的团结统一的思想基础。凝心铸魂筑牢根本，就要全面、系统、深入学习习近平新时代中国特色社会主义思想，完整准确掌握这一思想的主要内容，全面把握这一思想的世界观、方法论和贯穿其中的立场观点方法，深刻理解这一思想的道理学理哲理，推动党员、干部真学真懂真信真用，推动学习往深里走、往实里走、往心里走。要教育引导广大党员、干部经受思想淬炼、精神洗礼，坚定对马克思主义的信仰、对中国特色社会主义的信念、对实现中华民族伟大复兴中国梦的信心，弘扬伟大建党精神，务必不忘初心、牢记使命，务必谦虚谨慎、艰苦奋斗，务必敢于斗争、善于斗争，筑牢信仰之基、补足精神之钙、把稳思想之舵。

对党忠诚，是中国共产党人首要的政治品质。锤炼品格强化忠诚，就要深刻领悟“两个确立”的决定性意义，增强忠诚核心、拥戴核心、维护核心、捍卫核心的政治自觉、思想自觉、行动自觉，不断提高政治判断力、政治领悟力、政治执行力。要教育引导广大党员、干部锤炼政治品格，以党的旗帜为旗帜、以党的意志为意志、以党的使命为使命，始终忠诚于党、忠诚于人民、忠诚于马克思主义，真心爱党、时刻忧党、坚定护党、全力兴党。

奋斗创造历史，实干成就未来。实干担当促进发展，就要突出实践导向，牢固树立正确的权力观、政绩观、事业观，增强责任感和使命感，不断提高推动高质量发展本领、服务群众本领、防范化解风险本领，敢于斗争、勇于负责。要教育引导广大党员、干部胸怀“国之大者”，紧紧围绕新时代新征程党的中心任务，真抓实干、务求实效，聚焦问题、知难而进，以时时放心不下的责任感、积极担当作为的精气神为党和人民履好职、尽好责，以新气象新作为推动高质量发展取得新成效，依靠顽强斗争打开事业发展新天地。

人民是历史的创造者，是决定党和国家前途命运的根本力量。践行宗旨为民造福，就要坚持人民至上，把为民办实事作为重要内容，以群众满意不满意作为根本评判标准，紧紧抓住人民群众最关心最直接最现实的利益问题，让现代化建设成果更多更公平惠及全体人民。要教育引导广大党员、干部牢固树立以人民为中心的发展思想，坚持一切为了人民、一切依靠人民，自觉问计于民、问需于民，始终同人民同呼吸、共命运、心连心，着力解决人民群众急难愁盼问题，把惠民生、暖民心、顺民意的工作做到群众心坎上，增强人民群众获得感、幸福感、安全感。

党风问题关系执政党的生死存亡，反腐败是最彻底的自我革命。廉洁奉公树立新风，就要坚持以党性立身做事，践行“三严三实”，严格落实中央八项规定及其实施细则精神，坚决反对特权思想和特权现象，树立求真务实、团结奋斗的时代新风。要教育引导广大党员、干部增强纪律意识、规矩意识，持续纠治“四风”，把纠治形式主义、官僚主义摆在更加突出的位置，做到公正用权、依法用权、为民用权、廉洁用权，推动形成清清爽爽的同志关系、规规矩矩的上下级关系、亲清统一的新型政商关系，当好良好政治生态和社会风气的引领者、营造者、维护者。

从现在起到本世纪中叶，全面建成社会主义现代化强国、全面推进中华民族伟大复兴，是全党全国人民的中心任务。以这次主题教育为契机，坚持不懈用习近平新时代中国特色社会主义思想武装头脑、指导实践、推动工作，凝聚起奋进新征程、建功新时代的磅礴伟力，踔厉奋发、勇毅前行、团结奋斗，我们就一定能胜利推进强国建设、民族复兴的历史伟业。

《人民日报》（2023 年 04 月 07 日 03 版）

如何始终保持风清气正的政治生态

——深刻认识和着力破解大党必须解决的独有难题

王纪刚

政治生态好，人心就顺、正气就足；政治生态不好，就会人心涣散、弊病丛生。习近平总书记在二十届中央纪委二次全会上将“如何始终保持风清气正的政治生态”列为我们这个大党必须解决的独有难题之一。

习近平总书记指出：“严肃认真的党内政治生活、健康洁净的党内政治生态，是党的优良作风的生成土壤，是党的旺盛生机的动力源泉，是保持党的先进性纯洁性、提高党的创造力凝聚力战斗力的重要条件，是党团结带领全国各族人民完成历史使命的有力保障，是我们党区别于其他非马克思主义政党的鲜明标志。”回望百年奋斗历程，我们党始终高度重视政治生态建设。从古田会议纠正和肃清各种非无产阶级思想，到延安整风推动党的团结统一，再到“不忘初心、牢记使命”主题教育等，我们党坚持激浊扬清、正本清源，在自我革命中推动党内政治生态持续向上向好。

党的十八大以来，以习近平同志为核心的党中央坚持不懈把全面从严治党向纵深推进，坚持自我革命永远在路上，一以贯之推进党的建设新的伟大工程。严明党的政治纪律和政治规矩，以刀刃向内的政治勇气，集中整饬党风，严厉惩治腐败，全面净化党内政治生态。中央八项规定促进党风政风焕然一新。截至 2022 年 10 月，全国纪检监察机关共查处违反中央八项规定精神问题 76.9 万起，批评教育帮助和处理 109.7 万人，其中给予党纪政务处分 69 万人。管党治党宽松软状况得到根本扭转，党的自我净化、自我完善、自我革新、自我提高能力显著增强。

政治生态明显好转不容易，始终保持风清气正的政治生态更为不易。确保党永远不变质、不变色、不变味，要坚持以党的政治建设为统领。把党的政治建设摆在首位，把维护党中央权威和集中统一领导作为最高政治原则和根本政治规矩来执行，把党的领导落实到管党治党、治国理政各领域各方面各环节，严明政治纪律和政治规矩，强化政治监督、深化政治巡视，坚决防止和治理“七个有之”问题，坚决清除对党中央阳奉阴违的两面人、两面派，不断净化党内政治生态。

习近平总书记强调：“营造良好政治生态是一项长期任务，必须作为党的政治建设的基础性、经常性工作，浚其源、涵其林，养正气、固根本，锲而不舍、久久为功。”广大党员干部必须旗帜鲜明讲政治，深刻领悟“两个确立”的决定性意义，增强“四个意识”、坚定“四个自信”、做到“两个维护”，始终在政治立场、政治方向、政治原则、政治道路上同以习近平同志为核心的党中央保持高度一致。坚定不移用习近平新时代中国特色社会主义思想凝心铸魂，不断提升党性修养，践行社会主义核心价值观，永葆共产党人清正廉洁政治本色。

营造良好从政环境，要从各级领导干部首先是高级干部做起。领导干部要坚守正道、弘扬正气，坚持以信念、人格、实干立身。襟怀坦白、光明磊落，坚定理想信念，加强道德养成，对上对下讲真话、实话。坚持原则、恪守规矩，把纪律挺在前面，严格遵守党纪国法。严肃纲纪、嫉恶如仇，坚持原则，抵制歪风邪气，对一切不正之风敢于亮剑。艰苦奋斗、清正廉洁，正确行使权力，在各种诱惑面前经得起考验，推动形成清清爽爽的同志关系、规规矩矩的上下级关系、亲清统一的新型政商关系。

《人民日报》（2023 年 03 月 02 日 09 版）

如何始终能够及时发现和解决自身存在的问题

——深刻认识和着力破解大党必须解决的独有难题

许宝健

习近平总书记在二十届中央纪委二次全会上的重要讲话中，将“如何始终能够及时发现和解决自身存在的问题”作为我们这个大党必须解决的独有难题之一，充分体现了我们党对所处历史方位、肩负使命任务、面临复杂环境的清醒认识。

问题无处不在、无时不有。人类认识世界、改造世界的过程，就是一个不断发现问题、解决问题的过程。我们党是一个拥有9600多万名党员、领导着14亿多人口大国、具有重大全球影响力的世界第一大执政党，肩负着崇高的历史使命。大党大国，既是我们办大事、建伟业的优势，也使我们治党治国面对很多独有难题。我们党之所以伟大，不在于不犯错误，而在于从不讳疾忌医，积极开展批评和自我批评，敢于直面问题，勇于自我革命。一百多年来，我们党坚持真理、修正错误，在危难之际重新奋起、在失误之后拨乱反正，能够经千难而百折不挠、历万险而矢志不渝，成为打不倒、压不垮的马克思主义政党，一个重要原因在于始终能够及时发现和解决自身存在的问题，顺乎潮流、顺应民心，总结经验、吸取教训，始终把握历史主动、走在时代前列。

党的十八大以来，以习近平同志为核心的党中央直面“四大考验”“四种危险”，聚焦我们党面临的严峻挑战和存在的突出问题，把全面从严治党纳入“四个全面”战略布局，刀刃向内、刮骨疗毒，猛药祛疴、重典治乱，刹住了一些长期没有刹住的歪风，纠治了一些多年未除的顽瘴痼疾，管党治党宽松软状况得到根本扭转，风清气正的党内政治生态不断形成和发展。

我们这么大一个党，在一个有着14亿多人口的大国长期执政，为什么能做到及时发现和解决自身存在的问题？因为我们党没有任何自己特殊的利益，始终代表中国最广大人民的根本利益，能够做到为人民的利益坚持好的、改正错的；因为我们党始终坚持实事求是，既从客观存在着的实际出发，又从人民群众的需要出发，从而能更好地发现和解决问题。我们党还始终坚持居安思危，增强忧患意识。习近平总书记指出：“越是前景光明，越是要增强忧患意识，做到居安思危，全面认识和有力应对一些重大风险挑战。”这就提醒我们要时刻保持如履薄冰的谨慎、见叶知秋的敏锐，以“时时放心不下”的责任感，及早发现问题苗头，防止小问题变成大问题。

解决问题，首先要把问题研究清楚、分析透彻。伴随世情国情党情的深刻变化，影响全面从严治党的因素更加复杂，我们党面临的问题挑战更趋多元。有效应对和化解这些问题和挑战，必须坚持系统观念，用普遍联系的、全面系统的、发展变化的观点观察事物，善于通过历史看现实、透过现象看本质，把握好全局和局部、当前和长远、宏观和微观、主要矛盾和次要矛盾、特殊和一般的关系，不断增强全面从严治党的系统性、预见性、创造性、实效性，为最终解决问题奠定坚实基础。

实践发展永无止境，旧的问题解决了，新的问题又会产生。新征程上，我国改革发展稳定面临不少躲不开、绕不过的深层次矛盾，党的建设特别是党风廉政建设和反腐败斗争面临不少顽固性、多发性问题，党面临的“四大考验”“四种危险”将长期存在。我们要在党的历史映照中发现问题，在管党治党实践中发现问题，在总结经验教训中发现问题，在群众切身感受中发现问题，及时把握工作中存在的不足，时刻掌握解决问题的主动。坚持以自我革命解决自身存在的问题，始终保持赶考的清醒和谨慎，驰而不息推进全面从严治党，就一定能够确保党不变质、不变色、不变味，始终成为中国特色社会主义事业的坚强领导核心。

《人民日报》（2023 年 03 月 01 日 08 版）

坚持党性党风党纪一起抓

何娟

发出廉洁过节倡议，风清气正过大年；运用新媒体、短信、广告等载体开展警示提醒，严明纪律规矩；通过专项检查、大数据监督等方式，严防严查违规收送礼品礼金等问题……2023 年元旦、春节期间，广大党员干部自觉贯彻落实中央八项规定精神，各级纪检监察机关对顶风违纪行为从严查处，正风肃纪新成效让人民群众切身感受到新变化新气象。

党要管党、从严治党，靠什么管，拿什么治？强党性，正党风，严党纪，三者皆不可或缺。习近平总书记深刻指出："党性、党风、党纪是有机整体，党性是根本，党风是表现，党纪是保障。"党的二十大报告提出："坚持以严的基调强化正风肃纪""坚持党性党风党纪一起抓"。这是系统思维在管党治党领域的体现，对深入推进新时代党的建设新的伟大工程具有重要指导意义。

党性是党员干部立身、立业、立言、立德的基石。作风问题本质上是党性问题。共产党人如果没有理想信念，精神上就会“缺钙”，就会得“软骨病”，必然导致政治上变质、经济上贪婪、道德上堕落、生活上腐化。正党风，严党纪，落脚点都在于强党性。党的十八大以来，我们党坚持思想建党和制度治党同向发力，先后开展一系列党内集中学习教育，帮助党员干部筑牢信仰之基、补足精神之钙、把稳思想之舵。实践表明，把加强党性修养作为终身必修课，修好共产党人的“心学”，才能解决好世界观、人生观、价值观这个“总开关”问题，筑牢“不想腐”的思想堤坝。

过硬作风是党性坚强、党纪严明的生动体现。作风建设的核心问题，是保持党同人民群众的血肉联系。党中央从巩固党的执政地位、践行党的初心使命的政治高度出发，以上率下推进全党作风建设不松劲、不停步、再出发，刹住了一些长期没有刹住的歪风，纠治了一些多年未除的顽瘴痼疾。作风建设没有休止符。涵养求真务实、清正廉洁的新风正气，锤炼共产党人信仰信念的钢筋铁骨，必须坚持以严的基调强化正风肃纪，紧盯作风领域出现的新变化新问题，把握作风建设地区性、行业性、阶段性特点，持续深化纠治“四风”，推进作风建设常态化长效化。

纪律是我们党的生命线。没有严明的纪律，作风建设、党性教育就难以持久地进行下去。在十八届中央政治局会议审议八项规定时，习近平总书记就强调：“规定就是规定，不加‘试行’两字，就是要表明一个坚决的态度，表明这个规定是刚性的”。从以八项规定为突破口吹响作风建设“集结号”，到坚持有令必行、有禁必止，坚决查处各种违反纪律的行为，再到全方位、立体式推进党内法规制度建设，新时代十年是党的历史上制度成果最丰硕、制度笼子最严密、制度执行最严格的时期，各项纪律规矩真正成为“带电的高压线”。全面加强党的纪律建设，为锤炼党性、净化党风奠定制度基础，才能确保干部清正、政府清廉、政治清明、社会清朗。

全面从严治党越是往纵深推进，越需要坚持党性党风党纪一起抓，深刻把握不正之风和腐败问题互为表里、同根同源的规律性认识，把正风肃纪作为一项系统工程来抓，运用“全周期管理”方式，在提高觉悟、涵养风气、惩治震慑上一体发力。通过锤炼坚强党性固本培元，通过弘扬优良党风激浊扬清，通过严明党规党纪防腐拒变，一定能不断擦亮作风建设金色名片，为以中国式现代化全面推进中华民族伟大复兴凝聚磅礴力量。

《人民日报》（2023 年 02 月 21 日 04 版）

我们党坚定信仰信念、把握历史主动的根本所在

陈曙光

一个民族要走在时代前列，就一刻不能没有理论思维，一刻不能没有正确思想指引。习近平总书记在党的二十大报告中指出，拥有马克思主义科学理论指导是我们党坚定信仰信念、把握历史主动的根本所在。100多年来，中国共产党之所以能带领中国人民开辟伟大道路、创造伟大事业、取得伟大成就，一个根本原因就在于我们党始终把马克思主义作为思想指引和行动指南，不断推进马克思主义中国化时代化并用以指导实践。马克思主义深刻改变了中国，中国也极大丰富了马克思主义。新征程上，我们要赢得优势、赢得主动、赢得未来，必须坚持马克思主义指导地位不动摇，不断推进马克思主义中国化时代化，用习近平新时代中国特色社会主义思想

这一当代中国马克思主义、二十一世纪马克思主义引领中国特色社会主义伟大实践，让马克思主义在中国大地上展现出更强大、更有说服力的真理力量。

归根到底是马克思主义行，是中国化时代化的马克思主义行

习近平总书记在党的二十大报告中指出，实践告诉我们，中国共产党为什么能，中国特色社会主义为什么好，归根到底是马克思主义行，是中国化时代化的马克思主义行。

马克思主义自诞生以来，就以其真理的光芒照耀着人类探索历史规律和实现自身解放的道路。马克思主义深刻揭示了自然界、人类社会、人类思维发展的普遍规律，为人类社会发展进步指明了方向；马克思主义坚持实现人民解放、维护人民利益的立场，以实现人的自由而全面的发展和全人类解放为己任，反映了人类对理想社会的美好憧憬；马克思主义揭示了事物的本质、内在联系及发展规律，是"伟大的认识工具"，是人们观察世界、分析问题的有力思想武器；马克思主义具有鲜明的实践品格，不仅致力于科学"解释世界"，而且致力于积极"改变世界"。马克思主义在中国的广泛传播催生了中国共产党。正是找到了马克思主义，我们党拥有了科学的世界观和方法论，拥有了认识世界、改造世界的强大思想武器。

马克思主义之所以行，就在于我们党不断推进马克思主义中国化时代化并用以指导实践。中国共产党自成立之日起就将马克思主义作为指导思想，运用马克思主义立场、观点、方法观察时代、把

握时代、引领时代。我们党从中国实际出发，洞察时代大势，把握历史主动，进行艰辛探索，不断推进马克思主义中国化时代化，用发展着的理论指导发展着的实践，创造了无愧于历史、无愧于人民的伟大成就，充分彰显了我们党拥有马克思主义科学理论指导这一鲜明的政治品格和强大的政治优势，充分证明了拥有马克思主义科学理论指导是我们党坚定信仰信念、把握历史主动的根本所在。

推进马克思主义中国化时代化，是我们党的优良传统，也是党不断取得成功的重要经验。1938 年，毛泽东同志在党的六届六中全会上对马克思主义中国化作出深刻阐述，强调“马克思主义必须和我国的具体特点相结合并通过一定的民族形式才能实现”。邓小平同志在党的十二大开幕词中指出：“把马克思主义的普遍真理同我国的具体实际结合起来，走自己的道路，建设有中国特色的社会主义，这就是我们总结长期历史经验得出的基本结论。”回望党的历史，我们党始终坚持解放思想和实事求是相统一、培元固本和守正创新相统一，把马克思主义基本原理同中国具体实际相结合、同中华优秀传统文化相结合，不断推进理论创新、进行理论创造。党的十八大以来，国内外形势新变化和实践新要求，迫切需要我们从理论和实践的结合上深入回答关系党和国家事业发展、党治国理政的一系列重大时代课题。我们党勇于进行理论探索和创新，以全新的视野深化对共产党执政规律、社会主义建设规律、人类社会发展规律的认识，取得重大理论创新成果，集中体现为习近平新时代中国特色社会主义思想。习近平新时代中国特色社会主义思想是当代中国马克思主义、二十一世纪马克思主义，是中华文化和中国精神的时代精华，实现了马克思主义中国化时代化新的飞跃。新时代十年，在习近平新时代中国特色社会主义思想科学指引下，我们采取一系列战略性举措，推进一系列变革性实践，实现一系列突破性进展，取得一系列标志性成果，经受住了来自政治、经济、意识形态、自然界等方面的风险挑战考验，党和国家事业取得历史性成就、发生历史性变革。

不断谱写马克思主义中国化时代化新篇章

实践没有止境，理论创新也没有止境。习近平总书记在党的二十大报告中强调，不断谱写马克思主义中国化时代化新篇章，是当代中国共产党人的庄严历史责任。时代在变化，社会在发展，但马克思主义基本原理依然是科学真理。新征程上，我们必须坚持马克思主义指导地位不动摇，继续推进实践基础上的理论创新，不断开辟马克思主义中国化时代化新境界，不断谱写马克思主义中国化时代化新篇章。

马克思主义理论不是教条，而是行动指南，必须随着实践的变化而发展。当代中国正在经历人类历史上最为宏大而独特的实践创新，改革发展稳定任务之重、矛盾风险挑战之多、治国理政考验之大都前所未有，世界百年未有之大变局深刻变化前所未有，提出了大量亟待回答的理论和实践课题。我们要把握好习近平新时代中国特色社会主义思想的世界观和方法论，坚持好、运用好贯穿其中的立场观点方法，牢牢把握必须坚持人民至上、必须坚持自信自立、必须坚持守正创新、必须坚持问题导向、必须坚持系统观念、必须坚持胸怀天下，根据新的时代特点和实践发展，不断深化认识、总结经验，坚持理论指导和实践探索辩证统一，实现理论创新和实践创新良性互动，在“实践—认识—实践”的持续深化中发展当代中国马克思主义、二十一世纪马克思主义，用马克思主义之“矢”去射新时代中国之“的”，及时科学回答中国之问、世界之问、人民之问、时代之问，让当代中国马克思主义放射出更加灿烂的真理光芒。

当前，我国正处于实现中华民族伟大复兴关键时期，世界百年未有之大变局加速演进，世界之变、时代之变、历史之变的特征更加明显。越是在重大历史关头，越是形势复杂、任务艰巨，越需要科学思想指引。新征程上，我们要坚持把马克思主义作为看家本领，全面贯彻习近平新时代中国特色社会主义思想，深入领会其道理学理哲理，做到知其言更知其义、知其然更知其所以然，切实把学习成果转化为奋进新征程、建功新时代的工作举措和实际成效。

《人民日报》（2022年10月21日14版）

加强党性锻炼

修好共产党人的“心学”

曹英

习近平总书记强调：“党性教育是共产党人修身养性的必修课，也是共产党人的‘心学’。”党性是党员、干部立身、立业、立言、立德的基石，必须在系统的党性教育中持续锻炼、不断加强。在新的赶考之路上，广大党员、干部要不断加强党性锻炼、提高党性觉悟，自觉修好共产党人的“心学”，努力涵养过硬的政治品格，不断把中国特色社会主义伟大事业推向前进。

坚定理想信念。习近平总书记指出：“理想信念是共产党人的政治灵魂，是共产党人初心的本质要求。”中国共产党自成立之日起就是一个有着崇高理想和坚定信念的党。在百年奋斗历程中，一代代共产党人坚守对马克思主义的信仰、对中国特色社会主义的信念、对实现中华民族伟大复兴中国梦的信心，始终为大公、守大义、求大我。理想信念是共产党人的精神之“钙”，对于党员、干部成长发展至关重要。加强党性锻炼，首先要筑牢理想信念根基。应当看到，前进道路上仍然有不少“拦路虎”“绊脚石”。如果理想信念不坚定，精神上就会得“软骨病”，就会在风雨面前东摇西摆；只有理想不灭、信念不倒、精神不垮，才能经得起风浪、抵得住诱惑。修好共产党人的“心学”，需要教育引导党员、干部涵育坚守信仰、献身理想的高尚品格，解决好世界观、人生观、价值观这个“总开关”问题，矢志不渝为实现共产主义远大理想和中国特色社会主义共同理想而奋斗。

坚持实事求是。我们党历来强调讲党性，实事求是就是最大的党性。我们党想问题、作决策、办事情，前提都是一切从实际出发。习近平总书记指出：“坚持从实际出发、实事求是，不只是思想方法问题，也是党性强不强问题。”衡量党员、干部是不是实事求是，最根本的要看是不是讲真话、讲实话，是不是干实事、求实效。修好共产党人的“心学”，要把实事求是的原则和方法作为重要内容，把说老实话、办老实事、做老实人作为党性修养和锻炼的重要内容。坚持说老实话，把说实话、讲真话当成一种生活态度、一种工作责任、一种精神追求，努力做到言行一致、诚实守信、表里如一。坚持办老实事，以咬定青山不放松的定力，真抓实干、埋头苦干，努力务实功、出实招、求实效，推动党和人民事业不断从胜利走向新的胜利。坚持做老实人，切实把做老实人体现在日常言行上，把实事求是原则融入履行肩负的使命任务之中，融入当前正在做的工作之中。

加强自我修养。加强党性锻炼、提高党性觉悟，说到底要靠党员、干部的自我修养。修好共产党人的“心学”，全面提升个人修养和政治品格，需要从多个方面作出努力。一是用心读书学习。读书学习是把握人生道理、领悟人生真谛、体会人生价值的重要途径。尤其要学懂弄通新时代党的创新理论的学理哲理、道理情理，从而更好地保持共产党人的政治本色，肩负起党和人民的重托。二是时刻自重自省。强化自我批评意识，守住内心、洁身自好、防微杜渐，不为名所累、不为利所困。常常对照初心，检视言行，对照党纪国法、工作要求和社会规范，及时改正自己的缺点和不足。三是涵养敬畏之心。心有所畏，方能言有所戒、行有所止。敬畏规则、尊崇规则，方能恪守规则、维护规则。在新的赶考之路上，广大党员、干部要敬畏人民、敬畏组织、敬畏法纪，稳得住心神、管得住行为、守得住清白，真正做到不负历史、不负时代、不负人民。

《人民日报》（2022 年 05 月 25 日 09 版）

“起决定性作用的是党性”

——树立和践行正确政绩观

仲音

干事创业要树立和践行正确政绩观，切实解决好为谁创造业绩、创造什么样的业绩、怎样创造业绩的问题。习近平总书记在2022年春季学期中央党校（国家行政学院）中青年干部培训班开班式上强调：“树立和践行正确政绩观，起决定性作用的是党性。”党性是党员干部立身、立业、立言、立德的基石。只有党性坚强、摒弃私心杂念，才能保证政绩观不出偏差。党员、干部要加强党性锻炼，不断提高政治觉悟和政治能力，把对党忠诚、为党分忧、为党尽职、为民造福作为根本政治担当，在新发展阶段更加突出实践实干实效，创造出经得起实践、人民、历史检验的实绩。

对党忠诚，是共产党人首要的政治品质。我们党一路走来，经历了无数艰险和磨难，但任何困难都没有压垮我们，任何敌人都没能打倒我们，靠的就是千千万万党员的忠诚。习近平总书记深刻指出："党的事业，人民的事业，是靠千千万万党员的忠诚奉献而不断铸就的。"从牛玉儒"工作一分钟、创业六十秒"的忘我付出，到邹碧华探索法官员额制改革"该担当时必须担当"的坚定执着，勇于担苦、担难、担重、担险的实际行动，生动诠释着什么是对党忠诚。实践充分表明，那些响当当、硬邦邦的政绩，归根到底源于对党忠诚，一心一意、一以贯之，表里如一、知行合一，源于为党分忧、为国尽责、为民奉献的务实行动。那些弄虚作假的"政绩工程"，是党性不强的表现，本质上是对党不忠诚。

我们党是为人民谋幸福、给人民办事的，除了人民利益之外没有自己的特殊利益，党的一切工作都是为了实现好、维护好、发展好最广大人民根本利益。党性决定了中国共产党人必须把为民办事、为民造福作为最重要的政绩，把为老百姓做了多少好事实事作为检验政绩的重要标准。谋划推进工作，必须坚持全心全意为人民服务的根本宗旨，坚持以人民为中心的发展思想，坚持发展为了人民、发展依靠人民、发展成果由人民共享，把好事实事做到群众心坎上。凡是有利于党和人民的事，必须事不避难、义不逃责，大胆地干、坚决地干。焦裕禄带领干部群众整治内涝、风沙、盐碱，"心中装着全体人民、唯独没有他自己"。廖俊波常说"能在现场就不在会场"，以务实担当作风为民造福、为民谋利。以百姓心为心，用心用情用力解决群众的操心事、烦心事、揪心事，才能干出群众满意的业绩。什么样的干部是为民造福的干部，什么样的政绩是为老百姓创造的，群众心里有杆秤。

讲实话、干实事最能检验和锤炼党性，实事求是就是最大的党性。干部是不是实事求是可以从很多方面来看，最根本的要看是不是讲真话、讲实话，是不是干实事、求实效。那些见风使舵、处事圆滑的人，那些掩盖矛盾、粉饰太平的人，那些花拳绣腿、不干实事的人，那些好大喜功、急功近利的人，都不是真正的唯物主义者，都有私心杂念在作祟。广大党员、干部要坚持以党性立身做事，把说老实话、办老实事、做老实人作为党性修养和锻炼的重要内容，敢于坚持真理，善于独立思考，坚持求真务实。唯其如此，才能为党和人民创造出实实在在的业绩。

心中有信仰，脚下有力量。在新的伟大征程上，坚持党的原则第一、党的事业第一、人民利益第一，把爱党、忧党、兴党、护党落实到工作各个环节，奋勇争先、建功立业，不断开创各项工作新局面，真正做到“为官一任、造福一方”，就一定能创造无愧于党、无愧于人民、无愧于时代的业绩！

《人民日报》（2022 年 04 月 06 日 04 版）

拓展阅读

廉洁奉公树立新风

——紧紧锚定开展主题教育的目标任务

人民日报评论部

“任何时候都不搞特殊化”的焦裕禄，带领兰考群众战天斗地；“不带私心搞革命，一心一意为人民”的谷文昌，在荒山石滩造林，留下满山木麻黄；群众心中的“最美扶贫书记”黄诗燕，被同事视为严于律己的“好班长”，他惟愿“省点时间干点事”……这些群众喜爱的好干部，无不是严以律己、廉洁奉公的典型。为政清廉才能取信于民，秉公用权才能赢得人心。为奋进新征程凝心聚力，必须抓好党风廉政建设，激励广大党员、干部踔厉奋发、勇毅前行。

“廉洁奉公树立新风”，是学习贯彻习近平新时代中国特色社会主义思想主题教育的五个具体目标之一。开展这次主题教育，要着力解决工作作风、廉洁自律方面的问题，教育引导广大党员、干部增强纪律意识、规矩意识，持续纠治“四风”，把纠治形式主义、官僚主义摆在更加突出的位置，做到公正用权、依法用权、为民用权、廉洁用权，推动形成清清爽爽的同志关系、规规矩矩的上下级关系、亲清统一的新型政商关系，当好良好政治生态和社会风气的引领者、营造者、维护者。

治国必先治党，党兴才能国强。在新时代十年伟大变革中，全面从严治党之所以取得历史性、开创性成就，产生全方位、深层次影响，根本在于以习近平同志为核心的党中央坚强领导，在于习近平新时代中国特色社会主义思想科学指引。在强国建设、民族复兴的新征程上，坚定不移深入推进全面从严治党，就要把思想和行动统一到习近平总书记重要讲话精神和党中央决策部署上来，提高政治站位，强化政治担当，狠抓工作落实，为全面建设社会主义现代化国家开好局起好步提供坚强保障。

党的作风就是党的形象。在第十八届中央纪律检查委员会第二次全体会议上，习近平总书记指出："改进工作作风的任务非常繁重，八项规定是一个切入口和动员令。"从公款吃喝等具体问题抓起，从月饼、粽子等"小事"查起，落实中央八项规定精神、以严明纪律整饬作风，丰富了自我革命有效途径，赢得了人民群众由衷称赞。实现"廉洁奉公树立新风"的目标，必须抓住"关键少数"以上率下，持续深化纠治"四风"，重点纠治形式主义、官僚主义；必须弘扬党的光荣传统和优良作风，促进党员干部特别是领导干部带头深入调查研究，扑下身子干实事、谋实招、求实效；必须加强新时代廉洁文化建设，涵养求真务实、团结奋斗的时代新风。

党性是党员干部立身、立业、立言、立德的基石。只有把世界观、人生观、价值观的总开关拧紧了，把思想觉悟、精神境界提高了，才能从不敢腐到不想腐。深入学习习近平新时代中国特色社会主义思想，就要深刻感悟党的创新理论的真理力量、实践力量、人格力量，夯实理想信念的思想根基，涵养廉洁自律的道德修为。守住拒腐防变防线，最紧要的是守住内心。我们必须坚持学懂弄通做实党的创新理论，强化自我修炼、自我约束、自我改造，正心明道、怀德自重，勤掸“思想尘”、多思“贪欲害”、常破“心中贼”，以内无妄思保证外无妄动。

党章中，“清正廉洁”“勤政为民”明确了要求；宪法宣誓誓词中，“恪尽职守、廉洁奉公”昭示着决心。中国共产党人为的是大公，守的是大义，求的是大我。通过深入开展主题教育，广大党员、干部明大德、守公德、严私德，以忠诚干净担当的实际行动奋勇争先、建功立业，必能不断谱写全面建设社会主义现代化国家新的华章。

《人民日报》（2023 年 05 月 11 日 05 版）

锤炼品格强化忠诚

——紧紧锚定开展主题教育的目标任务

人民日报评论部

对党忠诚，是中国共产党人首要的政治品质。陈毅把“革命重坚定”作为一生的座右铭。南昌起义时他没有赶上，后来冲破重重难关找到了起义队伍，到天心圩时队伍只剩下800人，他积极协助朱德收拢部队。小说《红岩》中刘思扬的原型刘国鋕，因叛徒出卖被捕入狱，面对劝诱，他斩钉截铁回答，“我如出卖组织，活着又有什么意义”。中共韶山特别支部第一任支部书记毛福轩，先是领导农民运动，后又参与地下工作，“余为革命奋斗牺牲，对于己身毫不挂虑”。忠贞的信仰、坚定的选择，彰显共产党人的赤诚忠心，穿越时空传递震撼人心的精神力量。

“天下至德，莫过于忠。”我们党一路走来，经历了无数艰险和磨难，但任何困难都没有压垮我们，任何敌人都没能打倒我们，靠的就是千千万万党员的忠诚。在学习贯彻习近平新时代中国特色社会主义思想主题教育工作会议上，习近平总书记明确阐释开展主题教育具体要达到的5个方面目标任务，其中之一是“锤炼品格强化忠诚”。各级党组织要坚决贯彻落实习近平总书记重要讲话精神和党中央的工作部署，教育引导广大党员、干部锤炼政治品格，以党的旗帜为旗帜、以党的意志为意志、以党的使命为使命，始终忠诚于党、忠诚于人民、忠诚于马克思主义，真心爱党、时刻忧党、坚定护党、全力兴党。

对党忠诚，不是抽象的而是具体的，不是有条件的而是无条件的，必须体现到对党的信仰的忠诚上，必须体现到对党组织的忠诚上，必须体现到对党的理论和路线方针政策的忠诚上。广大党员、干部锤炼品格强化忠诚，就要自觉用习近平新时代中国特色社会主义思想凝心铸魂，把拥护“两个确立”体现在理想信念、政治生活、立场定力、担当作为上，把增强“四个意识”、坚定“四个自信”、做到“两个维护”融入血脉灵魂。忠诚、干净、担当是一个整体，忠诚是为政之魂，干净是立身之本，担当是履职之要。锤炼品格强化忠诚，要敬畏权力、管好权力、慎用权力，保持拒腐蚀、永不沾的政治本色；也要坚持原则、认真负责，始终不折不扣把党中央决策部署落到实处。

忠诚不是挂在嘴上、写在纸上的，而是要体现在实际行动上。从“忠诚印寸心，浩然充两间”的坚毅，到“未惜头颅新故国，甘将热血沃中华”的凛然，在革命战争年代，对党忠诚的品格是在血与火的考验中锻造的。和平建设时期，对党忠诚更加重要、更加关键，必须贯穿在一言一行中，融入为党和人民事业的拼搏奉献里。谷文昌不追求轰轰烈烈“显绩”、默默无闻做奉献；杨善洲以干事为责，以干事为荣，以干事为乐；黄旭华隐姓埋名、为国之重器奉献毕生心血……举凡常人难以想象、难以做到的事情，背后往往都有坚定信仰、忠诚品质的支撑。尽忠诚、敢担当的好党员、好干部源源不断涌现出来，才会使国家越来越强盛，事业越来越兴旺，人民越来越幸福。

“百姓谁不爱好官？把泪焦桐成雨。”当年，焦裕禄不辞辛苦、不顾疾病，在河南兰考带领群众根治“风沙、内涝、盐碱”三害。如今，兰考泡桐如海，传诵着对党忠诚、对人民负责的佳话。强国建设、民族复兴舒展新画卷，更加需要广大党员、干部从思想上正本清源、固本培元，共同把党锻造成一块攻无不克、战无不胜的坚硬钢铁。以主题教育为契机锤炼品格强化忠诚，为党分忧、为国尽责、为民奉献，勇于担苦、担难、担重、担险，广大党员、干部定能为党和人民建新功、创实绩。

《人民日报》（2023 年 04 月 27 日 05 版）

凝心铸魂筑牢根本

——紧紧锚定开展主题教育的目标任务

人民日报评论部

共产党员，有共产党员的样子。那是坚贞不屈的样子，为革命不怕牺牲，“砍头不要紧，只要主义真”，理想信念之火一经点燃，就永远不会熄灭；那是奋发图强的样子，自力更生研发“两弹一星一艇”，“可上九天揽月，可下五洋捉鳖”；那是义无反顾的样子，白衣为甲、逆行出征，“从病毒手里抢回更多病人”；那是担当奉献的样子，把脱贫攻坚的心血和汗水洒遍千山万水、千家万户……坚定的理想信念、坚定的奋斗意志、坚定的恒心韧劲，是共产党员留存青史的群体画像，也是指引我们创造新的历史伟业的精神支撑。

指出信仰信念是“政治灵魂”，是“经受住任何考验的精神支柱”；把理想信念比作精神上的“钙”，告诫不能得“软骨病”；强调理想信念是“事业和人生的灯塔”……习近平总书记对理想信念极为重视，要求领导干部用实际行动让人民群众感受到理想信念和高尚人格的强大力量。开展学习贯彻习近平新时代中国特色社会主义思想主题教育是2023年党的建设的重大任务，其中一个具体目标是“凝心铸魂筑牢根本”，教育引导广大党员、干部经受思想淬炼、精神洗礼，坚定对马克思主义的信仰、对中国特色社会主义的信念、对实现中华民族伟大复兴中国梦的信心。我们要以学铸魂、坚定理想信念，做好学习贯彻习近平新时代中国特色社会主义思想的深化、内化、转化工作，从思想上正本清源、固本培元，增强对党的价值追求和前进方向的高度政治认同，把好世界观、人生观、价值观这个“总开关”。

拥有马克思主义科学理论指导是我们党坚定信仰信念、把握历史主动的根本所在。要全面、系统、深入学习习近平新时代中国特色社会主义思想，完整准确掌握这一思想的主要内容，全面把握这一思想的世界观、方法论和贯穿其中的立场观点方法，深刻理解这一思想的道理学理哲理，筑牢信仰之基、补足精神之钙、把稳思想之舵。在新时代，坚定信仰信念，最重要的就是要坚定中国特色社会主义道路自信、理论自信、制度自信、文化自信。我们要自觉用习近平新时代中国特色社会主义思想改造主观世界，深刻领会这一思想关于坚定理想信念、提升思想境界、加强党性锻炼等一系列要求，不断增进对党的创新理论的政治认同、思想认同、理论认同、情感认同，把这一思想转化为坚定理想、锤炼党性和指导实践、推动工作的强大力量。

理想信念只有见诸行动才有说服力。“党叫我做啥，我就做啥。”老英雄张富清主动封存赫赫战功，为人才匮乏的偏远山区默默奉献一生。“豁出命改变她们的命，值！”张桂梅数十年如一日扎根边疆教育事业，即便病痛缠身依然一如既往。今天，衡量一名共产党员、一名领导干部是否具有共产主义远大理想，关键看能否坚持全心全意为人民服务的根本宗旨，能否吃苦在前、享受在后，能否勤奋工作、廉洁奉公，能否为理想而奋不顾身去拼搏、去奋斗、去献出自己的全部精力乃至生命。凝心铸魂筑牢根本，广大党员、干部要用习近平新时代中国特色社会主义思想武装头脑，弘扬伟大建党精神，牢记“三个务必”，在各自岗位上顽强拼搏，不断把为崇高理想奋斗的实践推向前进。

心中有信仰，脚下有力量。全党理想信念坚定，党就拥有无比强大力量。信仰、信念、信心，指引党和人民创造了人类发展史上的伟大传奇。在强国建设、民族复兴的新征程，坚持不懈用习近平新时代中国特色社会主义思想凝心铸魂，我们对中华民族更加灿烂的明天充满信心！

《人民日报》（2023年04月24日05版）

坚持学思用贯通、知信行统一

——紧紧锚定开展主题教育的目标任务

人民日报评论部

为学之实，固在践履。援引“治学三种境界”，强调“理论学习贵在独立思考、学用结合、学有所悟、用有所得”；枚举战国赵括“纸上谈兵”、两晋学士“虚谈废务”的历史教训，告诫领导干部“读书是学习，使用也是学习，并且是更重要的学习”；指出学习理论最有效的办法是读原著、学原文、悟原理，“往深里走、往实里走、往心里走，把自己摆进去、把职责摆进去、把工作摆进去”……党的十八大以来，习近平总书记多次强调坚持学思用贯通、知信行统一的理论学习方法，为党员、干部夯实思想根基、强化理论武装提供了重要遵循。

在学习贯彻习近平新时代中国特色社会主义思想主题教育工作会议上，习近平总书记强调开展这次主题教育“根本任务是坚持学思用贯通、知信行统一，把新时代中国特色社会主义思想转化为坚定理想、锤炼党性和指导实践、推动工作的强大力量，使全党始终保持统一的思想、坚定的意志、协调的行动、强大的战斗力，努力在以学铸魂、以学增智、以学正风、以学促干方面取得实实在在的成效”，同时明确提出“凝心铸魂筑牢根本”“锤炼品格强化忠诚”“实干担当促进发展”“践行宗旨为民造福”“廉洁奉公树立新风”等五个方面具体目标。在广东考察时，习近平总书记指出：“开展主题教育是今年党的建设的重大任务。各级党组织要坚决贯彻落实党中央的工作部署，教育引导党员、干部在以学铸魂、以学增智、以学正风、以学促干上下功夫见实效。”我们要把思想和行动统一到习近平总书记重要讲话精神上来，推动主题教育扎实开展。

“凡贵通者，贵其能用之也。”深入贯彻以人民为中心的发展思想，幼有所育、学有所教、劳有所得、病有所医、老有所养、住有所居、弱有所扶；坚持绿水青山就是金山银山的理念，祖国天更蓝、山更绿、水更清；以“得罪千百人、不负十四亿”的使命担当祛疴治乱，反腐败斗争取得压倒性胜利并全面巩固……新时代以来，党的理论创新和实践创新是十分生动的，我们的学习也应该是生动的。学习的目的全在于运用，学习习近平新时代中国特色社会主义思想，就要把这一思想变成改造主观世界和客观世界的强大思想武器。主题教育坚持学思用贯通、知信行统一，才能不断增进广大党员、干部对党的创新理论的政治认同、思想认同、理论认同、情感认同，真正把马克思主义看家本领学到手；才能不断激发大党大国办大事、建伟业的优势，汇聚攻坚克难、团结奋进的强大力量。

有什么样的标准就有什么样的效果。坚持学思用贯通，才能取得最佳的学习效果，产生最好的实践效用。要联系地而不是孤立地、系统地而不是零散地、全部地而不是局部地理解习近平新时代中国特色社会主义思想，全面把握这一思想的世界观、方法论和贯穿其中的立场观点方法。坚持学思用贯通，发扬理论联系实际的马克思主义学风，既可以避免用什么学什么、不用则不学的实用主义，也能够避免食而不化、学用脱节的形式主义，确保主题教育真正为奋进新征程凝心聚力。

知之愈明，则行之愈笃。理论上清醒，政治上才能坚定，行动上才能自觉。知信行是内在统一的。要学而知，读原著、学原文、悟原理，学懂弄通、系统掌握、准确领会；要学而信，体会共产党人的初心使命，汲取真理力量、思想力量、实践力量，学出坚定信仰、学出使命担当；要学而行，学以致用、身体力行，把学习成果落实到干好本职工作、推动事业发展上。是否真知真信真用，担当尽责、真抓实干的实际行动是最好的检验标准。通过主题教育不断提高理论素养、政治素养，不断坚定信念、砥砺初心，不断推进自我改造、自我净化，党员、干部才能永远做一心为公、一身正气、一尘不染的人，勇于迎击任何狂风暴雨、战胜任何惊涛骇浪，为党和人民事业奋斗不止。

治理我们这样的大党大国，如果没有党中央权威和集中统一领导，如果没有全党全国思想统一、步调一致，什么事也办不成。加强党的创新理论武装，不断提高全党马克思主义水平，确保全党全国各族人民锚定奋斗目标、沿着正确方向坚定前行，我们的道路必将越走越宽广，中国式现代化的影响必将越来越大，中华民族伟大复兴的中国梦一定能实现。

《人民日报》（2023 年 04 月 20 日 05 版）